（路透社）

黑旋風
歐巴馬

歐巴馬的故事．歐巴馬的崛起．歐巴馬的傳奇

第一位美國黑人總統?!

國際政治觀察家
林博文◎著

世界公民叢書
未來的，全人類觀點／21 世紀世界公民必要知識

黑旋風歐巴馬

歐巴馬的故事・歐巴馬的崛起・歐巴馬的傳奇

【目錄】本書總頁數共224頁

III 歐巴馬與希拉蕊

7

歐巴馬和我們長相左右

二〇〇八年三月一日，塞爾維亞首都貝爾格萊德（Belgrade）街頭樹立一個大看板，上面有甘迺迪和歐巴馬的照片。看板上的文字是：「歐巴馬，他和我們長相左右。」以及「科索沃是塞爾維亞的。」看板是由塞國青年運動組織贊助，他們主張應與外在世界對話，反對自我孤立。／路透社

歐巴馬笑口常開

一九七九年的歐巴馬。這一年他高中畢業，到洛杉磯西方學院當大學新鮮人。歐巴馬成長於陽光燦爛的夏威夷，又受到心胸寬大的外公、外婆和母親影響，因此養成他樂觀、包容、開朗和笑口常開的人生態度及從政理念。（見內文 87 頁）／路透社

歐、希影城辯論

二〇〇八年一月三十一日，美國有線電視（CNN）和《洛杉磯時報》聯合主辦民主黨總統候選人提名辯論會，地點在好萊塢。現場觀眾裡「繁星點點」，擠滿了影視界大牌紅星，他們對政治極為熱中，有人力挺歐巴馬，有人支持希拉蕊。圖為歐、希兩人在辯論台上的合影。（見內文 131 頁）／路透社

我們堅信改變

歐巴馬於二〇〇八年二月十九日在德州休士頓造勢大會上，向支持者鼓掌致意。歐巴馬輸掉了德州和俄亥俄州這兩個大州，而使希拉蕊獲得苟延殘喘的機會。民主黨初選，歐巴馬雖曾連勝十一個州，但出現「希拉蕊贏大州，歐巴馬勝小州」的奇特現象。演講桌前，掛著歐巴馬的競選口號：「我們堅信改變。」／路透社

共和黨候選人麥肯

越戰時代駕駛美國海軍戰機遭越共擊落而在戰俘營坐了五年半牢獄的亞歷桑那州參議員約翰麥肯，將代表共和黨參與二〇〇八年總統選舉。麥肯素有「離經叛道的參議員」之稱，其政見雖常與共和黨主流派不同調，但他卻大力支持布希總統侵略伊拉克，這可能是他角逐白宮的致命傷。

（見內文 178、207 頁）／路透社

小甘雪中送炭

民主黨大老、甘家掌門人愛德華・甘迺迪參議員於二〇〇八年二月四日在康乃狄克州首府哈特福（Hartford）為歐巴馬站台。甘迺迪及其姪女——甘迺迪總統的女兒卡洛琳於一月二十八日在華府美利堅大學公開表態，支持歐巴馬競選總統，震撼民主黨。柯林頓夫婦曾密集遊說愛德華・甘迺迪支持希拉蕊，但遭婉拒。羅伯特・甘迺迪的子女則力挺希拉蕊。（見內文 42、51、163 頁）／路透社

脫口秀女王錦上添花

美國脫口秀女王歐普拉．溫瑞芙（Oprah Winfrey）於二〇〇七年十二月八日在愛荷華州首府狄摩因（Des Moines）為歐巴馬站台。愛荷華州於二〇〇八年一月三日舉行黨團會議，揭開大選序幕，而歐巴馬亦旗開得勝。歐普拉力挺歐巴馬，帶動了大批黑人選民「棄希投歐」的風潮。（見內文 132、181 頁）／路透社

阿諾之妻站台

加州州長阿諾的妻子瑪麗亞・雪佛（Maria Shriver）於二〇〇八年二月三日在洛杉磯加州大學參加支持歐巴馬的造勢大會，雪佛的母親是甘迺迪總統的妹妹。左邊是甘迺迪的女兒卡洛琳，右邊則為歐巴馬的妻子蜜雪兒。希拉蕊在加州初選中擊敗歐巴馬，龐大的拉丁裔（墨西哥移民為主）選民力挺希拉蕊。／路透社

母愛孕育下的歐巴馬

幼童時代的歐巴馬在白人媽媽的懷裡看著照相機鏡頭微笑。歐巴馬小時候額頭又凸又寬，頗為可愛。他的母親五十二歲時因癌症去世。歐巴馬說母親給他的最寶貴精神是：「關懷別人」（empathy），他說他受其母親影響最大。（見內文82頁）／路透社

歐巴馬與外公外婆

歐巴馬從童年至青少年時期，一直在白人外祖父和外祖母的照顧下長大，祖孫關係極為親密。歐巴馬十歲時從印尼返回夏威夷，直到高中畢業，皆由外公和外婆撫養。這張照片攝於何時何地已不可考，大概是在歐巴馬讀大學時。外公現已去世，外婆於二〇〇八年春已八十五歲高齡。（見內文 73 頁）／路透社

歐巴馬父子

一九七一年年底，歐巴馬的生父巴拉克特地從肯亞到檀香山探望八年不見的兒子。巴拉克是在歐巴馬兩歲時離開夏威夷前往哈佛大學攻讀經濟學博士學位，不久即與歐巴馬的母親離婚。巴拉克在肯亞當官，一直不得意，四十六歲時車禍喪生。一生娶了四個妻子，生了八個孩子。
（見內文 78 頁）／路透社

以「肯亞之子」為榮

歐巴馬最後一次與肯亞生父相聚是在十歲時，其時父母已經離異。父親一九八二年車禍去世，歐巴馬是在一九八七年首次前往肯亞尋根。他在政壇發跡後，肯亞人以這個「肯亞之子」為榮，他的肯亞親戚在肯亞西部科格洛（Kogelo）老家牆上掛上了一幅歐巴馬（後排左二）和他們的合照。（見內文 58 頁）／ Getty Images

19

歐巴馬與印尼繼父

一九七〇年夏天，歐巴馬（右一）和母親及印尼繼父合影，母親懷裡抱著歐巴馬的同母異父妹妹瑪雅。瑪雅小歐巴馬九歲，長大後亦承緒母親所學而成為人類學家，現和華裔丈夫吳加儒定居夏威夷。印尼繼父已去世多年。（見內文 79 頁）／路透社

三輪車跑得快

幼時騎著一部小三輪車的歐巴馬，是外公、外婆和母親的開心果，大家都疼愛這個淘氣而又聰明的小傢伙。在多元文化的薰陶下，歐巴馬一直保持:「兼容並包、有容乃大」的胸襟。（見內文 85 頁）／路透社

21

少棒隊歐巴馬

歐巴馬小時候穿著夏威夷大學的小 T 恤，在草坪上揮舞球棒。他長大後愛好籃球，對棒球沒興趣。讀高中時，每天花幾個小時練球，還被選上校隊當副將。從政後，歐巴馬對籃球的興趣始終未減。（見內文 86 頁）／路透社

歐巴馬全家福

歐巴馬一家攝於二〇〇四年十一月二日，左邊是三歲小女兒莎夏，右邊是六歲長女瑪利婭。由於歐巴馬的政治活動太多，女兒的管教由妻子蜜雪兒負責，每天只准她們看一小時的電視。歐巴馬在華府當參議員，妻子和兩個女兒仍住芝加哥，他每週回家探親，曾因拒絕航空公司為他機位升等而傳為佳話。
（見內文 111 頁）／路透社

〈導言〉

波瀾壯闊的歐巴馬旋風

——美國近半世紀以來最壯觀的政治風潮

歐巴馬投身二〇〇八年民主黨總統提名初選，掀起了美國近半世紀以來最壯觀的政治旋風。

歐巴馬現象不僅改變了美國的政治景觀，選舉文化亦為之丕變。他鼓動了年輕一代參與選舉程序的風氣，激發了民主黨人與獨立選民踴躍奔向投票所的熱潮。同時，也嚴重打亂了希拉蕊進軍白宮的精心布局。

繼承甘家政治衣缽

歐巴馬的口才、魅力與活力，使苦旱八載的民主黨人揭開了塵封已久的記憶。他們依稀看到了約翰·甘迺迪和羅伯特·甘迺迪兄弟的身影。他們永遠記得甘迺迪兄弟為美國帶來新希望與新思維，但無情的槍聲卻粉碎了星條旗下的憧憬與夢想。歐巴馬的出現，使他們重燃希望之火，特別是約翰與羅伯特的幼弟、麻州資深參議員愛德華和約翰的女兒卡洛琳，二〇〇八年一月二十八日在華府美利堅大學公開力挺歐巴馬，向民主黨人和美國選民昭示了歐巴馬繼承了甘迺迪兄弟的政治衣鉢，期使美國邁向另一個新境界。

甘、歐同具開創勇氣

儘管甘、歐二代具有薪火相傳的歷史意義，但他們卻是完全不同典型的政治人物，家世背景和成長歷程，更是大相逕庭。甘家兄弟出身於波士頓愛爾蘭移民暴富之家，而歐巴馬的身上則流動著非洲黑人與美國白人的血液，從小即浸潤於多文化、多種族的家庭與社區。但約翰·甘迺迪和歐巴馬卻同具開創性的勇氣與冒險精神，甘迺迪是美國歷史上第一個入主白宮的天主教徒總統。守舊的基督教徒在一九六〇年大選時提出天主教徒不適宜出任總統的論調，試圖把宗教摻入選舉政治，以挑戰政教分離的美國立國原則。

格局宏大的甘迺迪於一九六〇年九月十二日在德州休士頓向一群基督教神職人員發表演說，他從美國歷史、政治、社會、文化、思想與宗教切入，重申美國是個宗教國家，人民是信仰上帝的民族，但宗教歸宗教，政治歸政治；唯有如此，才能把國家治好。他說他不是要做天主教總統，更不是要受天主教教宗指揮，他只是要當美國人的總統。這篇極具說服力與思想啟發的演說，不僅掃除了宗教問題的陰霾，而且使講稿成為改變美國歷史的文獻之一。

歐巴馬選戰標幟

政治新秀匆忙趕路

歐巴馬所面臨的問題尤較甘迺迪複雜，他是美國歷史上第一個在民主黨初選和全國性政治舞台上光芒四射的黑人政治家。首先，他必須克服白人選民的種族偏見，以及黑人同胞自認不可能當全國行政首長的先天自卑。其次，他的多文化、多種族背景，亦引起不少黑白選民的疑慮；他短暫的從政經歷（七年伊利諾州州參議員、兩年聯邦參議員），變成選戰議題，他的對手希拉蕊即一再提出來抨擊他。有些政論家諷刺說，他連國會山莊大樓內部都搞不清，經常迷路，還想馬上搬進白宮；也有評論家憂心忡忡地說，歐巴馬的問題不是黑皮膚，而是太「綠」（green，即生手、沒經驗之意）。

歐巴馬雖是華府政界菜鳥，但他是個深思熟慮的人。他有政治野心，但有虛懷若谷的雅量；他是個急著趕路的政治新秀，但他卻有寬廣的遠見。他以出身多種族家庭為榮，但他認同美國黑人；他受過一流的大學（哥倫比亞）與法學院（哈佛）教育，但他選擇芝加哥黑人區從事基層社運。

愛荷華州首傳捷報

歐巴馬的領袖氣質（charisma）與個人魅力，以及他獨特的與選民直接對話的競選語言，很快地感染到選民。尤其是百分之九十五人口為白人的中西部農業州愛荷華，歐巴馬竟旗開得勝，重挫愛德華茲、希拉蕊和其他白人候選人。愛荷華的白人農民親眼看到歐巴馬的樸實和誠摯，而成千上萬的男女大學生（以白人為主力部隊），利用假期或向學校請假，從各州湧入愛荷華，隨便找個地方打地鋪，每天在冰天雪地的愛荷華挨家挨戶地為歐巴馬拉票。平時不管政治、從不理會選舉的大學生與二十五歲至四十五歲的年輕一代，都在「歐巴馬旋風」下關心政治與選舉。他們急切地、焦慮地要尋找美國的新方向。

歐巴馬向美國選民提出了改變（change）現狀與懷抱希望（hope）的兩大選戰訴求，這也是他的競選主題與基調。這兩大訴求獲得選民的熱烈反響，不論黑白、男女、老少和職業，大多數民主黨選民都認同歐巴馬所揭櫫的理想主義與務實思想，更贊成他求變求新的渴望。美國政治不能再「一切照舊」（business as usual），美國外交必須揚棄布希政府的片面主義（unilateralism）和先發制人政策（preemptive policy）。

歐巴馬的呼聲，響徹美國政治曠野，經過布希政府八年顢頇無能的統治，美國已經到了必須改變的時刻了。

事實上，早在一九八三年歐巴馬決定以哥倫比亞大學畢業生身分投入芝加哥黑人區（South Side）從事基層工作時，即有哥大同學問他：「草根社運工作到底做什麼？」歐巴馬坦白地說他自己也不知道要做什麼，但他向他們表達了他求變的信念：第一、白宮必須改變，雷根和他的寵臣正在誤國；第二、國會必須改變，國會議員只會順從白宮，而且腐化；第三、整個國家必須改變，全國充斥了狂躁和只關心自己的自私風氣；第四、改變不會由上而下，必須從草根做起。

從一九八三到二〇〇八，四分之一世紀過去了，美國政治非但沒有長進，反而倒退。歐巴馬重提求新求變的訴求，雖有點反諷，卻打中了美國政治的要害，激起了選民不滿現狀、渴望改變的思想。

一九六八 VS. 二〇〇八

一九六八年是美國歷史上除內戰之外所僅見的狂飆年代。那年的四月四日，民權領袖金恩博士在田納西州孟斐斯遇刺身死，全美立刻陷入社會動亂，一百二十五個城市暴動；六月五日深夜，角逐民主黨總統候選人提名的羅伯特・甘迺迪，在洛杉磯國賓大飯店（Ambassador Hotel）遇害，翌日清晨死亡。一九六八年是美國現代政治的分水嶺，民權運動和反越戰運動形成了一九六八的時代脈動。

不少史家認為二〇〇八與一九六八具有一些相同的問題和歷史類似之處（historical parallels）。種族問題仍是美國社會的瘡疤，黑人生活雖大體獲得改善，但城市黑人家庭仍多支離破碎，百分之七十的黑人子女都是未婚（或婚外）出生；百分之五十的黑人男女青年高中輟學；孟斐斯黑人區的貧窮情況竟與金恩牧師遇刺那年差不多。

高收入和高教育程度的白人力挺歐巴馬，已成為選戰的一大奇景，但一般勞工階級的白人和右翼團體，則仍以種族主義的心態看待歐巴馬。賓州一名白人卡車司機認為歐巴馬「傲慢」，同州一名失業的白人女子則抨擊歐巴馬西裝上未繫美國國旗徽章。保守派的白人和右翼組織常以種族主義和愛國主義的觀點出發，否定歐巴馬。

四十年前，全美大學校園和街頭不斷上演反越戰運動；四十年後的今天，美國又陷入莫名其妙的伊拉克戰爭，反戰運動雖遠不若當年熾熱，但伊戰卻使美國國內對立、經濟疲軟、海外信譽暴跌。其重創美國國力與心靈的程度，則不分軒輊。

對全球華人的啟示

歐巴馬以一人之力改變美國政治生態的奇觀，殊值海內外華人的密切注視與借鑑。歐巴馬於二〇〇八年二月初發表祝賀農曆鼠年賀詞，以「有幸身為亞裔社區的一部分」為榮；並以有機會在夏威夷獨特的亞太文化氛圍中長大，以及在印尼度過四年的美好時光而自傲。他稱頌亞太裔美國人為今日美國的富強作出了巨大的貢獻。

海內外華人可以從歐巴馬身上看到一個黑白混血青年如何在多元文化的美國社會成長，如何在教育上、工作上和政治上破除種族藩籬，打進主流社會，與白人一爭長短。他的力爭上游和永遠懷抱廣闊的心胸，以及敢於挑戰白人掌控下的大選政治，對海內外華人而言，更是一種啟發，也是一盞明燈。

黑旋風威力步步升

本書出版時刻，民主黨初選猶在未定之天，歐巴馬雖占上風，勸退希拉蕊的聲音時有所聞，但歐、希之爭勢將持續下去。歐巴馬能否獲得民主黨總統候選人提名，並進而斬將搴旗，成為美國歷史上第一個黑人總統，雖已成為全美國和全世界最熱門的政治猜謎遊戲，但這並不是筆者撰寫本書的唯一目的。筆者只是要把美國政壇「明日之星」介紹給廣大的海內外華人讀者，以期大家深入認識與了解這位很可能會改變美國與世界的「黑旋風」。

最早向筆者建議撰寫海內外第一本華文歐巴馬傳奇故事的是台北立緒文化事業公司總編輯鍾惠民，筆者很佩服她的遠見、思考深度和周密的出版計畫；筆者在立緒出版的第一本書《歷史從此改寫——跨世紀人物評點》，即是惠民提議的。立緒發行人郝碧蓮提供寶貴意見和編輯賴婉君的辛勞，皆在此一併致謝。

二〇〇八年美國職棒季開賽之初於紐約

I

歐巴馬旋風

時代創造歐巴馬，歐巴馬創造時代

——美國出現歐巴馬現象的時代背景／政治新思維的躍起

經過布希總統及共和黨將近八年的無能統治，美國已到了人心思變的時代轉折點。伊拉克戰爭的泥淖、經濟陷入蕭條、高級官員的腐化與權力的傲慢，以及利用九一一事件全面打壓公民自由與民權的措施，使美國變成全世界最不受歡迎、最受憎惡的國家，大家都在唱衰美國。

在國力遽退、國格蕩然的關頭，歐巴馬出現了。他向美國人民提出重振「希望」（Hope）的呼聲和「求新求變」（Change: We can believe in）的渴望。他的理想主義和務實想法，使美國人民看到了遠景，他的生動口才、穩健台風與充滿活力，使美國人民想到了六〇年代的約翰・甘迺迪和羅伯特・甘迺迪兄弟；他超越種族主義與膚色偏見的政治訴求，激發了黑白選民與年輕一代的參與熱忱。

歐巴馬本身即是「希望」的象徵與「求新求變」的標誌。

代表了一個新世代

一九六一年出生於夏威夷的黑白混血歐巴馬，兼具後種族政治時代、後民權運動時代、後嬰兒潮時代以及後六〇年代的多重特質。他要從布希政府所製造的政治廢墟中，創建有格調、有理想、有希望、有願景的新美國世紀。他要接下甘迺迪兄弟所傳遞的政治火炬，繼續使它燃燒發亮，為二十一世紀的美國開創一個美麗新世界。

歐巴馬代表了一個新世代，一個要揚棄虛偽、歪曲和誤導人民的新酵素。他要使美國政治與社會邁向新的篇章，完全擺脫華府的權謀政治與齷齪文化；他要從道德高度，提升美國的政治、文化與人權；他要從「美國是國際社會的一份子，而不是超強獨霸」的視野，積極參與建設性外交；他要從「與人為善」的基調出發，完全捨棄布希政府所奉行的片面主義和先發制人戰略。

在美國國威跌入谷底的今天，歐巴馬要求政治革新，恢復政治朝氣。他的出馬競選和登高一呼，喚醒了已沉睡多年的人心，他為思變求變的美國人民帶來了新希望，正如同當年甘迺迪總統所揭櫫的「新疆界」（New Frontier，舊譯「新境界」）。他鼓舞美國人民接受新挑戰和新思維，切勿墨守成規、自縛手腳。在初選時期，歐巴馬一再引用甘迺迪在就職演說中的名言：「我們絕不因害怕而去談判，但我們也永遠不要畏懼談判。」（Let us never negotiate out of fear, but let us never fear to negotiate.）

在一個急遽轉變的時代，布希政府不僅使美國停滯不前，且向後倒退，國內失去了活力，國外亦喪失了領袖群倫的地位。歐巴馬的應運而生，使美國人民看到了一線生機，看到了一個可以信賴的新領導人。

如以美國白人優越思想和黑人本位主義的角度出發，歐巴馬是不可能在充斥偏見、狹隘與固執的政治文化中出頭，更遑論角逐總統寶座。歐巴馬的父親是非洲肯亞黑人，母親是堪薩斯州白人，又未經過民權運動的洗禮，白人視其為「異端」，黑人亦認為他「非我族類」、「黑得不夠」。在現代政治史上，亦只有金恩博士的門徒、民權鬥士傑西·傑克森（Jesse Jackson）牧師在八〇年代贏過幾次總統初選。

超越黑白畛域

但是，時代格局變了，思潮也變了，歐巴馬的崛起與發亮，即是最光彩的實例。他超越了黑白的畛域、種族的界限與文化的鴻溝；他沒有參加過民權大遊行，也沒有加入反越戰行列，但他在夏威夷、雅加達、洛杉磯、紐約、波士頓和芝加哥的成長過程中，接受了完整教育和多元文化薰陶；親歷過基層社運和地方政治。他和美國文化同呼吸，他了解黑白社區的殊異，更能體會美國社會的優劣。他說，白色美國和黑色美國都是他所熱愛的美國，他要把民主黨的藍州（Blue States）與共和黨的紅州（Red States）都化為他理想中的美國。在滿目瘡痍的今日美國，歐巴馬鼓舞了黑白選民的向上意志，激發了年輕一代對選舉的熱潮，使他們去除長埋心底的政治冷漠症。

在民主黨初選期間，前第一夫人希拉蕊不斷指控歐巴馬「只會耍嘴皮子」、「賣弄辭藻」，又說他「沒有經驗」。其實，在充滿低氣壓而又徬徨無主的美國社會，政治人物的有力言論與精采演說，不但可以振奮人心、提升士氣，更能夠化暮氣為朝氣，使社會與國家出現生機和轉機。美國歷史上每逢國運多艱時期，政治領袖及候選人的談話，常能扭轉國運或展現光亮的前程，如林肯在南北戰爭時代的演說、羅斯福在經濟大恐慌和二次大戰時期的演講與爐邊閒話，以及甘迺迪在六〇年代的一系列精闢演說，都是光耀美國歷史的例證。而英國二戰時期首相邱吉爾激勵人心的談話，更是大不列顛終能致勝的不二法寶。

所謂歐巴馬欠缺從政經驗（或華府經驗）的說法，尤不值一駁。林肯之前的第十五任總統詹姆斯．布坎南（James Buchanan），入主白宮前迭膺重寄，歷任眾議員、駐俄公使、參議員、國務卿和駐英公使，但在史家筆下，他卻是個無能到極點的總統，和布希同屬墊底角色。而布希時代的副總統錢尼和國防部長倫斯斐（皆做過白宮幕僚長、眾議員和國防部長），華府政治經驗不可謂不豐，然而他們的無能與傲慢，卻是駭人聽聞的。

希拉蕊從投入總統選舉初期的信心滿滿，自認白宮非她莫屬的「不可避免性」（inevitability）到陷入苦戰，生死難卜。在在說明了詭異多端、瞬息萬變的選舉政治，絕對沒有可以避免或不可以避免，更沒有如意算盤。只有依憑候選人自己的能力、本事、才幹和魅力，以及輔選與助選團隊的全心奉獻和精心設計，方能眾志成城，克奏膚功。

時代創造了歐巴馬，歐巴馬亦創造了時代。他已朝向白宮的路途上奔跑，雖仍未看到跑道的盡頭，但他已在賽跑的過程中，引發全球觀眾的熱烈喝采與祝福。

歐巴馬旋風改變美國政治生態

不論歐巴馬是否能挫敗希拉蕊而成為美國民主黨總統候選人，這位四十六歲的黑白混血參議員，已在美國政治景觀上形成一種所謂「歐巴馬現象」（或曰「歐巴馬奇觀」）。他喚起了無數大學生開始關心政治，特別是民主政治中最基本的選舉；他激勵了年輕一代投入政治志工的熱潮，在各州初選中挨家挨戶勸人投票；他所提出的政治願景和理想主義，超越了族裔、性別和年齡，而提升了民主黨政治文化。

在他身上看到甘迺迪

最重要的是，歐巴馬為二〇〇八年初選注入了一股民主黨久已未見的政治熱流。民主黨已有四十年沒有如此熱鬧、激烈的初選，上次是在一九六八年，越戰方酣之際。那一年初選有明尼蘇達州參議員尤金・麥卡錫、紐約州參議員羅伯特・甘迺迪和副總統韓福瑞，詹森總統被越戰拖跨而宣布退選。暴力奪走了甘迺迪的生命，韓福瑞贏得提名，但民主黨已四分五裂、內耗過度，捲土重來的尼克森終於如願以償。

許多民主黨人在歐巴馬身上看到了甘迺迪總統和羅伯特・甘迺迪參議員的身影。他的口才與熱忱，極具甘家兄弟的況味；他求新求變的訴求，有如甘迺迪一九六〇年強調「我們應使美國再向前推動」的回聲；他要求美國應在此時此刻推選出新一代領導人的呼聲，令人想到充滿活力的甘迺迪取代老邁的艾森豪，後浪推前浪的往事。

希拉蕊競選團隊完全沒有料到歐巴馬竟然會造成一陣銳不可當的旋風，而且很可能使希拉蕊的總統夢變成一場噩夢。希拉蕊祭出豐富從政經驗以對抗菜鳥歐巴馬，但經驗豐富並不能保證做一個好總統。林肯前面的第十五任總統詹姆斯・布坎南（James Buchanan）做過駐俄、英兩國的公使，又當過參議員和國務卿，歷史上甚少總統像他那樣有完整的經歷，但他卻是一個極爛的總統。林肯只做過一任眾議員，沒有政治經驗，卻是一個偉大的總統。

寫過甘迺迪和詹森傳記，去年又推出描述尼克森與季辛吉權力關係新書的前波士頓大學歷史學教授羅伯特・戴立克（Robet Dallek）認為，經驗固然要緊，但具有正確的判斷力比擁有豐富的經驗還重要。甘迺迪在古巴豬灣玀事件中判斷錯誤而英名受損，但在古巴飛彈危機期間判斷正確而成為危機處理的典範。

甘迺迪總統的女兒卡洛琳和愛德華・甘迺迪眾議員力挺歐巴馬，使希拉蕊受到嚴重打擊，並導致一批仍持觀望態度的民主黨中間選民投向歐巴馬。許多政壇名人和一般老百姓也都出現了一家之內「擁希挺歐」並存的分裂現象。尤其是卡洛琳公開宣稱歐巴馬就像她父親當年那樣能夠「鼓舞」（inspire，亦有激勵之意）新一代的美國人。一個多星期以來，這句話已響徹大學校園，吸引了大批學生為歐巴馬助選，其熱烈程度殆為四十年來僅見。

喚醒年輕一代

美國政治幸有歐巴馬登高一呼，喚醒年輕的一代，政治並不是那樣齷齪，美國並非沒有前景，唯有實際參與政治程序，方能「改變」美國的政治面貌與內涵。甘家兄弟生前最喜歡說的一句話是：「政治是一個崇高的志業。」歐巴馬出馬角逐總統候選人提名，又為這句話賦予了嶄新的意義。越戰結束以後，美國大學校園出現了政治冷漠症，拜金主義和功利主義大行其道，甚少人對政治和公職有興趣。歐巴馬改變了他們的想法，吹動了一股熱潮。

希拉蕊和歐巴馬已到了短兵相接的階段，不少民主黨人很希望這兩位優秀的政治人物能夠攜手合作，共組「夢幻搭檔」（dream ticket），這願望如能實現，則在選戰中極具無攻不克、無堅不摧的威力。但問題在於：初選中勝利的人願意找對手當副手嗎？敗選的人願意接受徵召嗎？上週在好萊塢一對一辯論時，希拉蕊和歐巴馬展現優雅的風度，使民主黨人興起了「夢幻搭檔」的希望。

今年民主黨幸好有歐巴馬角逐提名，大大加深了初選的厚度與戲劇性，這是選民的福氣，也是美國選舉政治不斷推陳出新的又一例證。

原載於二〇〇八年二月六日《中國時報》國際新聞版

歐巴馬年輕凌厲的文膽班子

美國民主黨總統候選人歐巴馬雖具一流的口才與寫作能力，但沒時間撰寫自己的演講稿，於是大膽招募及組織「文膽班子」，三位二十六歲至三十歲的寫作高手才華橫溢，寫出了帶有歐巴馬百分之百神韻的演講稿。

伊利諾州參議員歐巴馬一月二十六日晚間在南卡羅萊納州民主黨初選大勝之後，登台發表了一篇意氣風發的演說。

歐巴馬說，他去年在南卡羅萊納州到處旅行，所看到的不是一個白色南卡羅萊納，也不是一個黑色南卡羅萊納，而是一個南卡羅萊納。台下群眾歡呼大叫，掌聲如雷。因南卡羅萊納州民主黨選民黑人即佔了百分之五十三，白人佔百分之四十四。十個黑人中有八個票選歐巴馬，白人則有四分之一支持他。

具有一流口才與文字能力的歐巴馬，從愛荷華黨團會議旗開得勝到新罕布夏州初選意外失利，再到南卡羅萊納州重創對手希拉蕊，不論勝負，他的演說永遠帶著「希望」（Hope）、「求變」（Change）和樂觀奮鬥的「我們肯定能做到」（Yes We Can）的信息。他的演講神態和動人心弦的內容，媒體常和民權領袖馬丁・路德・金恩博士（Dr. Martin Luther King, Jr.）比較，也常與甘迺迪兄弟（約翰、羅伯特）相提並論。

哥倫比亞大學出身又在哈佛法學院深造的歐巴馬，能說能寫，他寫的兩本自傳都是暢銷書（其妻蜜雪兒日前透露，賣書所得書款繳付大學和法學院所欠的學生貸款）。但歐巴馬是大忙人，不可能有時間坐下來撰寫演講稿，因此他必須僱請寫手協助他撰稿。他的「寫作班子」有三個人，組長是二十六歲的強・費夫洛（Jon Favreau），以及同為二十六歲的亞當・法朗柯（Adam Frankel）和三十歲的班・羅茲（Ben Rhodes）。

費夫洛畢業於麻州聖十字學院（College of the Holy Cross），二十三歲時即出任二〇〇四年民主黨總統候選人凱瑞（John Kerry）的演講稿撰稿人。四年前，歐巴馬應邀在民主黨全國代表大會發表主題演說，聲名大噪，他在練習演說時，費夫洛在旁邊聆聽，突然間打斷他，並告訴歐巴馬要修改一句話，因那句話和凱瑞的提名演說的一段話太類似。

從善如流的歐巴馬

歐巴馬瞪了二十三歲的費夫洛一眼，心裡納悶：「這個小鬼是何方神聖？竟敢改我的演講稿。」結果，歐巴馬還是改了。

凱瑞選輸後，費夫洛也失業了。他每天下午泡在華府酒吧享受一、二個小時的「快樂時光特價酒」，直到把錢花光。後來有人介紹他做歐巴馬的撰稿人。在面試時，歐巴馬問這位長得一副「娃娃臉」的寫手：「你撰寫演講稿，有沒有什麼理論？」費夫洛坦承沒有理論，但他說他以前觀察歐巴馬演說，聽眾反應最熱烈的地方，並不是句子寫得漂亮，而是「點出了民主黨和國家所存在的一些問題，過去從未有人提過，尤其是民主黨已很久沒有人像你這樣把問題攤開來說」。歐巴馬一聽，馬上僱用他。

歐巴馬宣布投入競選後，費夫洛又忙又累，壓力又大，每天睡眠不到五小時。他花很多時間研究馬丁・路德・金恩博士和甘家兄弟的演說，同時花更多時間聆聽歐巴馬過去演講的錄音，揣摹他的語氣、音調和習慣用字。歐巴馬每次指示他演講內容時，費夫洛都在電腦上把歐巴馬所說的話輸進電腦，再整理、撰寫成講稿。他說，撰稿人的主要任務是把講者的思想、觀念以及所要表達的意思透過文字來傳達給聽眾，講稿要帶有百分之百的講者的精神和味道。

歐巴馬在愛荷華黨團會議旗開得勝後的勝利演說，費夫洛即在開場白中寫道：「他們說這個日子絕不會來臨」（They said this day would never come），簡短有力，而又寓有深意，給予許多人深刻印象。

歐巴馬寫作班子的另一寫手是二十六歲的亞當・法朗柯。他在過去幾年一直擔任甘迺迪總統的首席撰稿人蘇仁森（Ted Sorensen）的助理兼傳記作者。蘇仁森將於二〇〇八年推出政界、學界與傳媒期待已久的回憶錄，由於蘇氏年紀已大，視力極弱，他的回憶錄幾乎是由法朗柯代筆。蘇仁森是美國總統幕後撰稿人中的頭號王牌，甘迺迪的許多名句（如：「不要問國家能為你做些什麼，而要問你能為國家做些什麼。」），皆出自蘇仁森之手。甚至有不少人還懷疑甘迺迪於一九五六年出版的《勇者的側影》（*Profiles in Courage*），實際上是由蘇仁森捉刀。這本描述八位參議員堅持原則、威武不屈的著作曾獲普立茲獎。

為歐巴馬撰稿的羅茲今年三十歲，但大家皆稱他是「元老政治家」，因費夫洛和法朗柯才二十六歲。羅茲過去曾做過民主黨眾議員漢彌爾頓的助理，並協助他撰寫《伊拉克研究報告》，這份報告曾向總統布希提出數十項改善伊拉克情勢的建議，可惜遭白宮漠視。

費夫洛說，擔任歐巴馬的撰稿人，「等於是當泰德．威廉斯的打擊教練」。威廉斯（Ted Williams）是當年波士頓紅襪（Red Sox）棒球隊的打擊王，亦為美國職業棒球史上打擊率最好的一個。儘管威廉斯擅長打擊，亦需要教練指導；猶如歐巴馬口才了得，也需要撰稿人當文膽。

不過，布朗大學歷史教授韋摩爾（Ted Widmer）表示，歐巴馬的動人演說使他家喻戶曉，選情大有進展，但此時此刻已是提出具體政策的時刻了。韋氏又說，當一個總統，不僅要有好的演講稿，更重要的是懂得如何治國。希拉蕊和歐巴馬辯論時，即曾引述前紐約州長柯摩（Mario Chomo）所說的一句名言：「你用詩歌來競選，但你用散文來施政。」（You campaign in poetry, but you govern in prose.）

歐巴馬在南卡羅萊納州大捷後，立即傳來一連串佳音，首先是前總統甘迺迪的女兒卡洛琳在一月二十七日星期天版的《紐約時報》上撰文公開支持歐巴馬，並稱歐巴馬是繼她父親後唯一能激勵人心、鼓舞新一代美國人的政治人物。

甘迺迪家族大力支持

甘家大老、已連任四十餘年參議員的愛德華・甘迺迪（Edward Kennedy，即卡洛琳的叔叔）也公開力挺歐巴馬。二〇〇四年民主黨總統候選人凱瑞，則早已宣布支持歐巴馬。

前總統柯林頓為妻子希拉蕊在南卡助選，一直對歐巴馬冷嘲熱諷，遭致南卡羅萊納黑人選民的極度反感。歐巴馬說，他有時已弄不清楚到底是跟哪一個柯林頓對抗。柯林頓夫妻的負面文宣為歐巴馬提供免費彈藥，而歐巴馬的寫手則為僱主平添了極具魅力的新武器。

歐巴馬最犀利的武器：演說
——重要的四篇演講稿

二〇〇四年仲夏，麻州民主黨參議員約翰・凱瑞（John Kerry）已篤定獲得民主黨總統候選人提名，但黑人民主黨員向凱瑞競選總部反映，凱瑞在黑人選區的競選不夠賣力，黑人選民亦聽不到他的聲音。於是，凱瑞在伊利諾初選後，邀請伊州州參議員歐巴馬在籌款會上發表演說，其時歐巴馬正代表民主黨角逐聯邦參議員。凱瑞亦和歐巴馬一起參加里民大會（town hall meeting，或譯黨團會議）。

凱瑞對於歐巴馬在籌款會、里民大會的演講和私下的交談中，留下極深刻的印象。尤其是歐巴馬的「激情、口才和領袖氣質」，更使他慶幸民主黨後繼有人。凱瑞的幕僚預測，再過幾年，歐巴馬肯定會在全國性政治舞台上大放異彩。凱瑞聽了馬上接腔說：「何必再等幾年，今年就讓他以民主黨的新面孔出現。」凱瑞和幕僚討論如何拉拔歐巴馬，他們的共同結論是邀請歐巴馬擔任民主黨全國代表大會主題演說。

一天下午，歐巴馬從伊州首府春田市驅車至芝加哥途中，突然接到凱瑞的競選總幹事瑪麗．貝絲．卡希爾（Mary Beth Cahill）的電話，卡希爾向歐巴馬轉達凱瑞邀他發表主題演說的盛意，歐巴馬欣然接受。歐巴馬對他的司機說：「我想這是一件大任務。」司機答道：「沒錯。」幾天後，歐巴馬又回到春田市，他在旅館裡，一面看電視轉播籃球賽，一面開始為主題演說構思、打草稿。思想慢慢集中以後，他知道他要在演講中說什麼，他把電視關掉，全心寫作。

近幾年來，美國人民已在電視上看到不少歐巴馬的演說轉播，大家都很欣賞他的口才、台風和內容。歐巴馬的演講和馬丁．路德、金恩牧師的佈道式演說大不相同，與甘迺迪總統的風度翩翩亦不一樣。歐巴馬的演說沒有華麗的辭藻，亦無漂亮的句子，而是以最淺顯的語句述說美國人民在日常生活上常碰到的困擾和麻煩。以第一人稱的方式反映美國人民所面臨的難題與無助，誠如歐巴馬自己所說，他要說出「所有人民的聲音」（the voices of all people）。他過去在黑人社區做過社運工作，擔任七年伊州州參議員，常跑基層；因此，他熟悉人民的聲音，他接觸到各種不同的族裔，他了解他們的想法和需要。

歐巴馬以自己的聲音和句子，平實地、誠懇地說出「所有人民的聲音」，以及他自己的肺腑之言；不做作、不虛矯，讓受過高深教育和中學輟學生都能聽懂；但在樸實無華的言詞中，他又能激發人心、鼓舞士氣。媒體最常用「激勵」（inspire）這個字眼來形容歐巴馬的演說威力。

美國人民已經很久沒有聽到這樣令人振奮的政治演說了。

他在寫草稿時，想到了幾個重點，第一是只要給人民機會，他們一定會認真去做；第二是政府應該協助人民，為人民提供機會；

第三是人民之間應養成互助合作的社區精神。他想到了他所親歷的幾個實例，如一對夫妻為兒子換肝而苦惱；一個白人青年被調往伊拉克的心理反應；一個黑人女性青年力求上進，要成為全家第一個上大學的熱望。

歐巴馬把主題演說的題目訂為：〈無畏的希望〉（The audacity of hope）。他所佩服的萊特牧師在證道時，經常提到這個句子，他極為喜歡。歐巴馬於二〇〇六年出版的第二本回憶錄，書名亦為《無畏的希望》。

二〇〇四年民主黨全國代表大會主題演說
Keynote Address at the 2004 Democratic National Convention

二〇〇四年七月二十七日　波士頓

二〇〇四年七月二十七日晚上，民主黨全國代表大會的數千名代表和全美電視機前的千百萬觀眾，都以好奇和期盼的心理等待這位名字古怪的主題演說人出場。歐巴馬夫婦在演講台上接受熱烈歡呼，蜜雪兒緊緊地摟住歐巴馬說：「老兄，千萬別搞砸了！」（Just don't screw it, buddy!）

歐巴馬談到他的二戰老兵外祖父，退伍後同時受到羅斯福「新政」（New Deal）聯邦房屋管理法和退伍軍人法的眷顧。他說：「不。人民並不指望政府解決他們所有的問題。但他們能感受到，深入骨髓地感受到，只要我們稍稍改變一下政策優先權，美國每一個孩子都能有機會獲得更好的生活，機會之門亦能向每個人敞開。他們知道我們能做得更好。他們希望有這樣的選擇。」

關於伊拉克戰爭，歐巴馬說：「當我們送別年輕人去戰場時，我們有絕對的義務不能去捏造數字，不能去掩蓋他投身戰場的原因事實。要在他們出征時去關懷他們，在他們歸來時以他們為榮；並且永遠不要在沒有足夠軍隊去取得勝利的時候就倉促上路。要保衛和平，從而贏得世界的尊重。」

歐巴馬在演說中最精采、被媒體引用最多的是關於國家團結這一段，他說：「政論家喜歡把我們的國家切割，分成『紅州和藍州』，紅州代表共和黨，藍州代表民主黨。但我向他們帶來了新的信息：我們崇敬藍州裡的偉大上帝，我們不喜歡紅州裡聯邦探員在圖書館查看我們讀什麼書；我們在藍州裡指導少棒，是的，我們在紅州也有一些同性戀朋友。有愛國者反對伊戰，也有愛國者支持伊戰。我們是一體的，我們都宣誓效忠星條旗，我們都在保護美利堅合眾國。」

幾乎所有的媒體都同意，歐巴馬的主題演說是數十年來兩黨全國代表大會中難得一聞的好演說。《時代週刊》說是：「全國代表大會歷史上最佳演說之一」，保守派的《國家評論》（*National Review*）亦稱頌歐巴馬的演說：「簡潔有力」（simple and powerful）。歐巴馬一夜之間成為全美家喻戶曉的政治明星，媒體把他和一九八八年柯林頓在民主黨全國代表大會發表主題演說相媲美。不過，反諷的是，一九八八年民主黨總統候選人杜卡基斯（Michael Dukakis），慘敗於老布希；二〇〇四年民主黨總統候選人凱瑞輸給小布希。

美國的過去、未來與願景——誠實的政府、期盼的未來

An Honest Government, A Hopeful Future

二〇〇六年八月二十八日　肯亞奈洛比大學

二〇〇六年夏天，歐巴馬又回到他親生父親的故鄉肯亞，他第一次訪問肯亞是在一九八七年。八月二十八日那天，歐巴馬向奈洛比（Nairobi）大學發表題為〈美國的過去、未來與願景——誠實的政府、期盼的未來〉的長篇演說。歐巴馬對肯亞和非洲的落後、腐敗與循環上演的部落武裝鬥爭深表痛心，他說：「……我們不得不承認，無論肯亞或非洲，都未曾充分發揮潛力，以致後殖民時期的盼望變成了憤世嫉俗甚至失望。而那些每日僅靠幾個先令掙扎度日，飽受愛滋與瘧疾摧殘，以及身不由己繼續陷在戰火與族群衝突中的平民百姓，迄今未曾得到過真正的自由。」歐巴馬舉例說：「一九六〇年代初期，肯亞剛獲得獨立，國民生產總值與南韓相差無幾。

時至今日，南韓的經濟規模是肯亞的四十倍大。」

作為「肯亞之子」，歐巴馬很坦誠地點出肯亞的問題所在。他說：「肯亞之所以落後，歷史與外部影響之外，還有其他的因素。如同遍及這塊大陸上的其他國家，肯亞的缺點在於無法建立一個透明而負責的政府，一個為人民服務而免於貪腐的政府。」又說：「你們要贏得自由，還得經過一番苦戰。之所以這樣說，乃是因為你們的自由今天正陷於危殆。你們的自由正處於貪腐的威脅下。」

歐巴馬苦口婆心地力勸肯亞朝野：「訴諸族群的部落政治必須予以終結。這種政治乃是根植於一種無可救藥的想法，認為政治或企業的目標在於囊括大部分的好處，將其揣進無關公共福祉的家族、部落與團體的口袋。」言者諄諄，聽者藐藐，歐巴馬發表這篇語重心長、恨鐵不成鋼的演說之後兩年，亦即民主黨初選熱烈展開聲中，肯亞亦正進行部落大廝殺，成千上萬人民流離失所。家破人亡似乎是今日肯亞人民的生活寫照。肯亞首都奈洛比風景秀麗，過去有「非洲巴黎」之稱，如今已成為血腥鬥爭之地。

參選宣言

Barack Obama's Announcement for President

二〇〇七年二月十日　伊利諾州春田市

二〇〇四年初夏，凱瑞的幕僚所作的歐巴馬將在全國性政治舞台上大顯身手的預言，終於在兩年半後付諸實現。二〇〇七年二月十日，歐巴馬踏著「鄉前輩」林肯的足跡，在伊利諾州首府春田市公開宣布角逐民主黨總統候選人提名。偉大的黑奴解放者林肯，即在一八五八年於春田發表著名的〈分裂之家〉（House Divided）演說。歐巴馬說：「在舊州政府大廈附近，林肯發表過〈分裂之家〉演說；直至今日，他所揭示的共同的希望和共同的夢想依然存在。」

歐巴馬強調，他將推動一次乾淨、正面和透明的選戰，絕不打負面的惡質選戰，亦不挖人瘡疤。他揭示他的三大競選主軸：一是早日終結伊拉克戰爭；二是推動人人都享有健康保險；三是促使美國早日達到能源獨立自主的目標。

歐巴馬在演說中一再昭告美國人民，他的競選精神是改變現狀（Change）和懷抱希望（Hope）。他說：「我們開國先賢的特質是，他們設計了一種可以改變的政府體系。我們應該牢記於心，我們過去曾經改變過這個國家。面對一個暴政，一群愛國志士迫使大英帝國屈服。面對分裂，我們使國家團結並解放奴隸。面對經濟大恐慌，我們讓千百萬人重返工作崗位，並使千百萬人脫離貧困。我們歡迎移民，我們在西部鋪築鐵路，我們送人到月球，我們也聽到金恩博士呼喚公正的聲音，就像大水流動，而正義如同濤濤巨流。」

歐巴馬又說：「身材瘦長的春田律師（林肯）曾告訴我們，創造不一樣的未來，是可能的。他告訴我們，文字裡面包含力量；他告訴我們，信念充滿力量，在不同的種族和地區、信仰和崗位之下，我們皆屬同一民族。他告訴我們，希望亦涵蓋了力量。」

祝賀亞裔同胞新年賀詞
New Year Greetings from Senator Obama

二〇〇八年二月一日

由於歐巴馬的繼父是印尼人，而他的同母異父妹妹瑪雅和加拿大出生的馬來西亞華人吳加儒結婚，他的另一個同父異母弟弟馬克亦和中國大陸女子訂婚。此外，歐巴馬從小在多族裔社區的檀香山長大，亦住過雅加達，交了不少亞裔朋友。二〇〇八年二月初，歐巴馬向全美亞裔同胞祝賀農曆新年，並發表賀辭。他說：「農曆新年對我來說是有特別意義的節日。你們可能知道，在我的人生歷程中，一直有幸身為亞裔社區的一部分。我不僅在夏威夷獨特的亞太文化氛圍中長大，我還曾在亞洲度過幾年美好的時光，這讓我有機會深入了解並極為賞識亞洲文化和亞洲人民。」

歐巴馬又說：「這些經歷讓我有機會與亞裔成為親戚、同學、好朋友，並建立長久的友誼。所以我可以驕傲地說，我是你們中的一員，能和你們一起慶祝農曆新年是我無比的榮耀。」歐巴馬在賀辭中並提及當年華工協助美國拓荒，鋪設鐵路；華人從開餐廳到榮獲諾貝爾獎，以及矽谷出現大批的亞裔企業家，他說：「亞洲傳統價值重視教育和家庭，篤信辛勤工作而使美國更加富強，這些都讓我深受感動和啟發。」

歐巴馬麾下雖有三名講稿撰述人，但一些重要演說和談話，他還是堅持自己執筆。史家一致公認，美國歷史上，文章寫得最好的總統就是林肯，他熟讀聖經和莎士比亞，對用字遣詞非常講究。四十二位美國總統中，能文之士並不多，歐巴馬算是其中的佼佼者。

歐巴馬演說媲美林肯、甘迺迪

歐巴馬好友黑人牧師萊特抨擊白人社會的激進言論，引發強大反彈，影響選情。歐巴馬日前在費城發表自己撰寫的一篇演講，剖析美國種族矛盾的深層問題，鏗鏘有力，觀眾為之落淚、全國動容，被譽為可與林肯及甘迺迪的曠世演說媲美。

種族問題是美國的歷史宿疾，也是美國的國家夢魘。從十八世紀革命建國歷經十九世紀南北戰爭直至二十一世紀的今天，種族問題一直令美國人民良心不安、寢食難安，但又找不到靈丹妙藥來治癒或化解它。因此，政治人物能夠不談種族問題就不談種族問題，以免自傷又傷人。

然而，角逐民主黨總統候選人提名的黑白混血歐巴馬在全國性政治舞台上大放光芒，而使得敏感的種族問題不斷地被其他的候選人、時評家和媒體提出來，為選戰平添種族火藥味。與歐巴馬關係密切、淵源極深的前芝加哥三一聯合基督教會主持人萊特二世（Jeremiah A. Wright, Jr.），過去一連串激烈抨擊美國白人社會、白人政府和以色列的言論，最近遭媒體全面舉發而震撼政治界、宗教界及選戰，並導致歐巴馬不得不發表公開演說，以說明他和萊特的關係以及他對於種族問題的看法。

萊特風波

今年六十六歲的萊特是個激進的神職人員，在美國幾個著名的神學院讀過書，並當過教授，一九八〇年代開始在芝加哥南邊（South Side，亦即黑人區）的三一聯合基督教會擔任本堂牧師。萊特講道時聲音宏亮、中氣十足，抑揚頓挫地引經據典闡揚教義，同時又能以美國歷史和社會演變為例，向教友解釋黑人始終處於劣勢的原因。

基本上，萊特是屬於反美、反白色美國的「黑人解放神學」論者，他每次講道和傳教皆不忘痛斥美國政府和白人社會，他主張把「上帝保佑美國」（God bless America）改為「上帝詛咒美國」（God damn America）；他說，「中東衝突不是源於伊斯蘭的仇恨，而是根源於以色列的行動」；又說「美國和以色列都是奉行恐怖主義的國家」；他宣稱，「九一一恐怖攻擊乃是上帝懲處美國」；並稱美國的惡形惡狀以及在海外做太多壞事，而終於「惡有惡報」（come home to rooster）。他表示「非洲的愛滋病其實是美國散布的」，而「美國是一個被白人控制的社會」，同時也是一個「殘暴的國家」。

歐巴馬在回憶錄透露，他在加州西方學院就讀時，曾問一個黑白混血的女同學：「你是不是要參加黑人同學會？」她說：「我不是黑人，我是多種族（multiracial）。」從那時起，同屬黑白混血的歐巴馬就決定尋求種族認同。他在八〇年代從哥倫比亞大學畢業，留在紐約做了一年的事後，即奔向芝加哥。他不僅要認同美國黑人，而且把芝加哥當作他的故鄉。他要在芝加哥安身立命，協助黑人站穩腳跟。首先在貧窮而又治安極壞的黑人區充當社區組織者，為失學失業的黑人青年找工作。

歐巴馬的工作與教會有密切的關係，他加入萊特牧師主持的三一聯合基督教會，兩個人一見如故。歐巴馬把大他二十歲的萊特當作叔叔看待，萊特開啟了他對基督教的認識和信奉——歐巴馬的肯亞父親是穆斯林。歐巴馬非常感激萊特在信仰上、精神上對他的支持和關懷。他在一九九二年和黑人律師蜜雪兒・羅賓遜（**Michelle Robinson**）結婚時，即由萊特證婚；大女兒瑪利婭（一九九九年出生）和二女兒莎夏（二〇〇一年出生）皆由萊特施洗。歐巴馬的第二本自傳《無畏的希望》（***The Audacity of Hope***）的書名，即是得自萊特的講道。

萊特的激烈言論以及他和歐巴馬的密切關係二〇〇七年開始浮現時，萊特即對歐巴馬說：「選戰戰火點燃後，你會逐步疏遠我。」歐巴馬同意萊特的說法。不久前，美國主流和非主流媒體大炒萊特的偏激言論，歐巴馬最初拒絕回應，但對他越來越不利，媒體亦一直要求他對萊特的立場以及他和萊特的關係作出正面答覆。歐巴馬選定三月十八日上午在費城國家憲政中心向二百名挑選出來的聽眾（黑人為主）發表了三十七分鐘題為〈更完美的聯邦〉（A More Perfect Union）的演說，向全美電視直播。全美的反應，除了少數極右媒體和神職人員，絕大部分都予以高度評價、熱烈支持和誠摯祝福。該演說的錄影隨後上載 You Tube，日前點擊率已超過五百萬人次。

能說擅寫的歐巴馬，親自執筆撰寫這篇講稿，寫到半夜。他不僅從道德制高點分析美國種族問題的根由，並從實際生活著眼，點出黑人憤怒（Black anger）和白人忿恨（White resentment）的歷史背景。他很坦誠地表示不同意萊特的偏激言論，「煽動性言論，不僅錯誤，而且具分裂性」。但他表示：「我不能和他斷絕關係，正如我不能和非裔美人社區斷絕關係，亦正如我不能與我的白人外祖母斷絕關係。這些人是我的一部分，而他們也是我所熱愛的美國這個國家的一部分。」

歐巴馬說萊特過去一直譴責美國，他都在場聽過。這些反白人的言論，在黑人的教會和家裡都是一再出現的，正如同他的白人外祖母在撫養他長大時，常對黑人發出惡言和怨言一樣。他說萊特的成長經歷，以及他所經歷過的種種不平等待遇和種族歧視的苦煉，使他蘊積了忿恨和怒氣，這是所有白人必須加以了解的。而白人對強迫越區上學以達到黑白合校的做法，為黑人在大學和就業市場上設置保障名額的措施以及單獨在夜路上遇見黑人的恐懼感，而使白人對黑人心存憎怨，所有的黑人亦應了解這些種族情緒。

希望黑白社區進行對話

歐巴馬強調，他並不是對種族問題提供藥到病除的妙方，亦非提出解決之道，他只是要黑白社區進行對話，把問題攤開來說，開誠佈公地討論，大家不要規避種族問題，否則每逢選舉都要面對種族問題的衝擊。

歐巴馬演講結束後，立即獲得舉國上下的正面反應，許多黑白社區、宗教團體和媒體都在認真討論歐巴馬提出的觀點。不少媒體認為歐巴馬的演說乃是一九六〇年大選甘迺迪在休士頓就宗教信仰問題發表談話以來，最精采、最動人的一次演說。有些時評家甚至把歐巴馬的演說和林肯於一八五八年在伊利諾州春田市發表的〈分裂之家〉的曠世演說相比。

萊特的偏激言論已對歐巴馬造成不算嚴重的傷害，而歐巴馬最遭人詬病的一點是他拖延太久始作回應。不過，歐巴馬憑自己的信心、誠意和勇氣，終能化解這場危機，而使全美對種族問題展開自我反省的深度對話。從這個角度來看，歐巴馬的「師父」萊特，為徒弟提供了闡發種族問題、使黑白同感服氣的歷史性演說的機會，這也算是萊特的「功勞」。

原載於二〇〇八四月六日《亞洲週刊》

II

歐巴馬生平

偉大的母親培育出一個光芒四射的兒子

——歐巴馬的身世

外祖父母

歐巴馬是美國建國二百三十多年來第一個在全國性政治舞台上大放異彩的非白人政治家。他的身世一夜之間成為全美和全世界的熱門話題，大家都想進一步了解這位「黑旋風」的生平及其種族背景。

歐巴馬是兩種不同文化和不同種族的優質結晶。他的父親生於非洲肯亞（Kenya）的森林部落，母親則是美國中西部堪薩斯州（Kansas）白人。歐巴馬的故事，必須從他的外公、外婆和他那位特立獨行的母親說起。

歐巴馬的外祖父史坦利．鄧漢姆（Stanley Dunham）二次大戰時服役美軍，但未參與任何戰鬥；他的妻子瑪德琳（Madelyn，亦即歐巴馬的外婆）於一九四二年在加州陸軍基地生了一個女兒，史坦利希望是個男嬰，願望沒有達成，卻為女兒取了男性化的名字：史坦利．安．鄧漢姆，不過，大家還是叫她安（Ann）。

二戰結束後，史坦利拿了一筆退伍軍人獎學金申請到柏克萊加州大學，但他精力充沛而又好動，無法安心讀書，輟學之後帶著妻子和幼女到處飄蕩，足跡遍及加州、堪薩斯州、德州和華盛頓州的西雅圖，以出售傢俱兼賣保險維生，安即在西雅圖讀完高中。一九五九年，史坦利獲悉傢俱公司將在夏威夷檀香山（火奴魯魯）開設分店，「不安於室」的史坦利立刻向公司表示願意搬去。這項決定對史坦利本人的事業並未造成太大衝擊，反倒是影響了他的女兒安的一生。

歐巴馬稱他的外公為Gramps，外婆則是Toot（夏威夷土語叫外婆為Tutu，Toot是短音節，方便稱呼）。歐巴馬說他外公是個「典型的美國人」，一天到晚想新東西、新生涯、新開端，具有強烈的個人主義與開放的心靈。史坦利一輩子都想發財升官，但混得並不太得意，幸好他的妻子瑪德琳一直有工作，雖只有高中畢業學歷，卻在夏威夷銀行從基層做到主任秘書，最後升任副總裁，成為全家最主要「贏取麵包的人」（bread winner，意即養家餬口的人）。史坦利已故，瑪德琳八十五歲（二〇〇八），安居檀香山，她對外孫歐巴馬的成長頗具功勞，歐巴馬對她有深厚的感情與親情。

在夏威夷大學的父母親

安從小跟著父母親「流浪」，在不同的環境中接觸到不同的青少年，也接觸到不同膚色和種族的人，而使她思想開通、心胸寬敞，

完全沒有種族偏見意識，更沒有白人優越症，這一點是非常難得的。尤其是在她成長的四、五〇年代美國，政治上瀰漫盲目反共和恐共的麥卡錫主義以及陷害無辜的白色恐怖；社會上又充斥種族主義，黑人受歧視的情形與十九世紀中葉黑奴解放前差不多。

安能夠站在道德制高點上揚棄種族主義和地域偏見，跟她的個性與人格特質有密切關係。安是個不受拘束而又有點我行我素的流浪者（**a free-spirited wanderer**），也是個不落俗套的（**unconventional**）女知青。她敢說敢做、敢做敢當，對外在世界充滿了好奇心和求知慾，她會不顧一切地追求目標，也會固執地堅持自己的作法，毫不妥協。

安十八歲那年進入夏威夷大學就讀，選修一門俄文課，其時正值甘迺迪和尼克森角逐總統的一九六〇年，美蘇冷戰仍方興未艾。在俄文課上，愛交朋友的安，認識了來自肯亞的二十三歲的黑人青年巴拉克・胡賽因・歐巴馬（**Barack Hussein Obama**），兩個人很快地墜入情網，並閃電結婚。從法律與社會視角而言，這是項相當大膽而又魯莽的決定，在那個時代，全美國仍有二十二個州的法律明令禁止黑人白人結婚，觸犯者會受到法律制裁而入獄，有些州甚至會睜一隻眼、閉一隻眼讓違法者遭受私刑。巴拉克生於肯亞維多利亞湖邊的羅人（Luo）部落，自幼即聰明伶俐，又肯上進，一九五九年獲獎學金留學夏威夷大學，成為夏大創校以來的第一個非洲留學生。肯亞在一九六三年始脫離英國殖民控制而獨立建國。

安和巴拉克在陽光普照而又自由放任的檀香山結婚，儘管安的父母親思想開明，一開始亦難以接受女兒嫁給非洲黑人的事實，而委婉地表示不悅，過了一段時間之後才釋懷。最出乎意料的反應竟來自肯亞，巴拉克的父親堅決反對他的兒子娶一個白種女人，他說會玷污他們神聖的黑人血統，同時更反對他的兒子再娶——原來巴拉克早已在肯亞娶妻並有兩個小孩。他的父親威脅說，如不儘快解除婚姻，將設法要求肯亞政府吊銷他的護照。

歐巴馬誕生

一九六一年八月四日，歐巴馬生於檀香山，他的名字和父親一樣，也叫巴拉克（Barack，阿拉伯文「幸福」之意）。歐巴馬兩歲時，父親以優異成績畢業於夏威夷大學經濟系，並獲得兩筆獎學金，一筆是歐洲流亡知識份子在紐約創辦的新學院（New School，後易名為「社會研究新學校」，現名「新學院大學」），這所學校提供他學雜費及生活費，足夠巴拉克一家三口的生活；另一筆是哈佛大學獎學金，僅免學費。

巴拉克決定在哈佛攻讀經濟學博士學位，他的理由是：哈佛名氣大，可以逃避他父親註銷其護照的威脅。歐巴馬兩歲時（一九六三），巴拉克離開了檀島，兩年後安和巴拉克離婚。歐巴馬在回憶錄中說，母親告訴他：「是我主動要求離婚的。」

巴拉克獲得哈佛學位後即返回肯亞工作，這位風流的穆斯林在

麻州劍橋又與白人女子露絲結婚，生了兩個兒子。露絲的父親在美國駐肯亞大使館任職。據《紐約時報》專欄作家羅傑．柯亨（Roger Cohen）於二〇〇八年三月十八日報導，露絲所生的兒子馬克，畢業於加州史丹佛大學物理系，目前在中國大陸做事，並且和一名中國女子訂婚。馬克的弟弟戴維已死於車禍。

巴拉克最後又與一個肯亞黑人婦女結婚，總計他一生有四個妻子、八個孩子。儘管巴拉克「多妻多子」，但他在衝突迭起的肯亞部落政治中，官運並不佳，曾在美國石油公司和觀光部工作。他看不慣兩大部落的惡質權鬥，而他又常發牢騷，批評當權派，政府吊銷他的護照，出國不成，只有每天酗酒，妻子也離他而去。窮愁潦倒數年後，肯亞政局有所改善，他被延攬入財政部。

歐巴馬二十一歲那年（一九八二），巴拉克在肯亞車禍喪生，終年四十六歲。歐巴馬兩歲時，他的父親離開他，直至十歲就讀小學五年級時才重聚。一九七一年十二月，巴拉克從肯亞到夏威夷度假一個月，其時他因車禍受傷，不良於行，走路要用枴杖。父子相見，互動不良，且有些尷尬，話也不多。有一天，歐巴馬聽說他的父親要到學校向他班上同學介紹肯亞，他簡直氣得快崩潰了，他不想讓同學知道他的非洲背景，更不願他們看到他那位皮膚黝黑發亮的肯亞爸爸。沒想到巴拉克的生動口才和有趣的內容引發了小學生的熱烈鼓掌，歐巴馬臉上有光，父子關係迅速好轉，巴拉克送兒子一個籃球當聖誕禮物。返回肯亞前，巴拉克送兒子兩張肯亞民謠唱片，這是歐巴馬父子的最後相聚。巴拉克死後五年，歐巴馬首次飛往肯亞進行尋根追遠之旅。

母親再婚

一九六五年，歐巴馬的母親又在夏威夷大學邂逅一位來自印尼的留學生羅洛．索托洛（Lolo Soetoro），交往兩年後結婚，婚後因印尼發生政變，蘇卡諾下台，蘇哈托上台，羅洛匆匆奉命返國，安和六歲的歐巴馬數月後始赴雅加達團圓。歐巴馬在印尼住了四年，後被送回夏威夷由外公和外婆照顧。安是個非常盡職的媽媽，他每天陪兒子讀書、教他英文；因缺錢上不起雅加達國際學校，安常半夜催他起床收聽無線電台播放的美國函授課程。但她還是覺得應把兒子送回檀島上學方為上策，對他日後求學與前途才會有幫助。

安與羅洛生了一個女兒，取名瑪雅（Maya），亦即歐巴馬的同母異父妹妹，比歐巴馬小九歲。瑪雅長大後亦就讀夏威夷大學，主修教育，後來亦像她媽媽一樣成為人類學家。瑪雅在夏大時結識專攻政治學的馬來西亞華人吳加儒（Konrad Ng），他們兩人都具有東南亞背景，又都以英語為第一語言（吳加儒生於加拿大多倫多附近），很快地就相戀結婚。吳加儒現任教夏大，瑪雅（Maya Soetoro-Ng）亦從事教育工作，他們有一個女兒。

安和羅洛相處並不愉快，羅洛希望多養小孩，安則不想再生。羅洛越來越「美國化」，平日除了打網球，就是與約翰走路（Johnnie Walker）威士忌為伍；而安則日漸「印尼化」，對印尼文化與社會極感興趣，有人笑她越來越像爪哇人。安與羅洛的婚姻終告失敗，她

在一九七四年返回夏威夷，到夏大當研究生，主修人類學，並撫養歐巴馬和瑪雅。歐巴馬獲獎學金就讀檀島貴族學校普那荷（Punahou）中學。一九七七年，安決定前往印尼進行田野調查，歐巴馬不願隨行，安頗為傷心，但她尊重兒子的決定。

安和歐巴馬分離四年，母子皆備感痛苦，歐巴馬每年暑假和聖誕節都到印尼陪伴媽媽，平時則書信不斷。這四年正值歐巴馬就讀高中，內心深處渴望母愛，同時亦在種族認同上掙扎。歐巴馬說，他在這段期間開始自認是美國黑人。安選定爪哇農村手工藝作為她的博士論文題材，她的論文指導教授之一，也是好友愛麗絲．杜威（Alice Dewey）說，安很喜歡住在爪哇，她們一起探訪小型手工藝坊時，安到處和人打招呼。杜威教授的祖父即是著名哲學家約翰．杜威，安於一九九二年獲夏大人類學博士學位。

安做過國務院國際開發總署顧問，協助總署在爪哇設立信貸制度；並曾加入福特基金會雅加達辦公室，主持婦女就業計畫；後來在巴基斯坦當顧問以及為印尼最老的一家銀行制定信貸窮人計畫。

一九九〇年代初，安在紐約一家專門為第三世界窮鄉僻壤提供信貸的銀行上班。

母親——一個有思想又具包容心的女知識份子

安於九〇年代中得了卵巢癌，一九九五年十一月病逝前幾個月，瑪雅陪母親走完生命的最後旅程。安在床榻上一直擔心高昂的醫藥費會讓她破產，不想就這樣撒手人間，她還有許多事要做。安死時才五十二歲。

歐巴馬和瑪雅以及一些好友在夏威夷大學教堂為安舉行追悼會。會後大家驅車至歐胡島南岸海邊，歐巴馬、瑪雅兄妹在沁涼、凜冽的海風中，把媽媽的骨灰朝印尼的方向撒播，骨灰隨風飄送至太平洋，再吹拂到她所熱愛的東南亞島國。

歐巴馬於一九九五年出版第一本自傳《我父親的夢想》（*Dreams from My Father*），他說若知道媽媽來日無多，他就會寫不一樣的回憶。歐巴馬不止一次地說，母親對他的影響超過任何一個人，母親教他如何做人、心胸要寬大、要有是非觀念，更要力爭上游。他說他無時無刻不在懷念媽媽。

在歐巴馬成長的過程中，安扮演了慈母兼嚴父的角色，而且極為成功。認識安的人都說她是個頗有思想而又具有包容心的知識份子，在她身上找不到偏執與頑固，她百分之百相信人生以服務為目的。安要求子女必須誠實，有話直說（Straight talk），還要養成獨立判斷的能力。她不能忍受怠惰與懶散，歐巴馬幼時拒絕在凌晨起床收聽函授課程，她不高興地說：「我爬起來陪你聽課，不是去野餐！小傢伙（buster）！」歐巴馬在高中時欠缺奮鬥意志，她很嚴肅地要求他努力上進。

一個偉大的女性培育出一個光芒四射的兒子，歐巴馬母子引人入勝的故事，為現代美國政壇譜寫耀眼奪目的新篇章。

從多種族文化背景開闢出一片廣闊藍天

—歐巴馬的求學歷程

歐巴馬就讀哈佛大學法學院第二年（一九九〇），參加「哈佛法學評論社」社長選舉，角逐者皆須發表政見演說，闡明辦好這份刊物的願景。對哈佛法學院學生而言，能夠加入法學評論社當社員、編輯或主筆，乃是相當榮耀的一件事，將來在履歷表上一定列入此一「豐功偉業」；如能當上社長，更是光宗耀祖的大事。

歐巴馬高票當選社長，成為「哈佛法學評論社」成立一〇四年以來的首位黑人社長。歐巴馬在學業上的優異表現，在社團活動上壓倒群雄，以及日後在政壇上能夠嶄露頭角，絕非偶然，更非倖致，而是有其成功的因素。尤其是在充斥種族偏見的新大陸，一個黑白混血青年更需具備堅苦卓絕的奮鬥精神，方能出人頭地。

由於父親是肯亞黑人，母親是堪薩斯州白人，兩歲時父親離家，不久母親又改嫁印尼人。歐巴馬從小即在多種族、多文化和不穩定的環境中長大；在他成長的過程中，他面臨一連串的掙扎、矛盾、疑慮、徬徨和認同危機。他的認同危機，包括種族、文化和宗教。他小時候隨母親移居雅加達，沾染過印尼文化，也上過伊斯蘭課程，他角逐總統候選人提名時，右翼名嘴和媒體甚至編造他參加過印尼伊斯蘭激進學校的謊言。

歐巴馬在印尼住了四年多，十歲返回夏威夷，在外公和外婆的照顧下，從小學到高中畢業。他的外公和外婆都是難得的開明白人，極為疼愛這個黑皮膚的小外孫，特別是外婆把他當寶貝，歐巴馬高中畢業後要到加州念大學，外婆淚眼汪汪地捨不得。外公和外婆在外孫面前儘量不談種族問題，但外婆還是會抱怨外面治安不好，所謂「治安不好」，即是指黑人製造太多街頭犯罪。有一天，外婆從銀行下班回家後，臉色很不好，外公和外孫一直問她出了什麼事。她說她等候公共汽車時，在巴士站碰到一個非常討厭而又具攻擊性的行乞者（panhandler），因天黑人少，使她十分害怕。外公和外孫都叫她以後不要搭公車，他們去接她下班，她說不要。他們問她那個可惡的行乞者是什麼人，她吞吞吐吐地說是黑人。

歐巴馬在檀香山最好的高中普那荷（Punahou）中學念書，學校有不少美日混血以及日本與夏威夷土著混血，但黑白混血或黑人卻極少，只有寥寥幾個。從小學直至高中時代，歐巴馬的同學都不知道他的名字是巴拉克（Barack），大家（包括同學和老師）都叫他巴利（Barry），他也欣然接受。

他在普那荷中學最喜歡的戶外活動是打籃球，而且是校隊副選，身高六呎二吋（其妻蜜雪兒穿起高跟鞋幾近六呎）。他對籃球的興趣一直沒有減低，從政後仍抽空投投籃、鬥鬥牛。他每天上午也按時運動，踩跑步機。歐巴馬受到母親的影響，很愛看書，他常到圖書館，一個人靜靜地閱讀黑人作家的著作，從中尋覓黑人的文化認同。他飽讀像詹姆斯・鮑德溫（James Baldwin）、勞夫・艾力生（Ralph Ellison）、藍斯頓・休斯（Langston Hughes）、理察・萊特（Richard Wright）、杜博斯（W. E. B. Du Bois）和麥爾坎・X（Malcolm X）等人的作品。他認為只有麥爾坎・X找回了自我，開創一條通往救贖與補償（redemption）的道路，其他作家到最後還是懷抱怨恨以終。

告別檀島

在七〇年代成長的歐巴馬就像許許多多高中生一樣，很興奮也很迷惘，他大量閱讀，內心充滿了種種渴望——父愛、母愛和種族認同。他帶著憧憬、好奇和不安，於一九七九年告別檀島，奔向美國本土，在洛杉磯西方學院（Occidental College）當新鮮人。十八歲的歐巴馬在西方學院找到了海闊天空的教育環境和學術思想，也找到了兼容並包、寬廣浩瀚的宇宙精神。

歐巴馬在西方學院讀了兩年，眼界大開，雖然這是一所小型大學，只有一千六百多名學生，剛好充當他奔向未來的跳板。他在西方學院和同學一起飲酒、吸大麻，最重要的是他找到了自己的聲音，他慢慢知道了自己的想法，他開始寫日記，每天記下他的快樂與哀愁。歐巴馬在高中時即很會寫文章，思路快、文筆好，一篇報告一個晚上就寫好，別的同學要花幾個禮拜才完稿。

歐巴馬不希望老師和同學再叫他巴利，而要叫他巴拉克，他想在名字上先找回自我，但大家仍叫他巴利。至少在他的內心裡，他已逐漸捨棄巴利這個美國名字，而回到具有非洲特色的本名。在西方學院，歐巴馬很用功，也很在意成績，並且敢和教授爭辯。他選了羅傑．波歇（Roger Boesche）教授所開設的兩門政治學課程，成績不太好，曾找教授理論，波歇堅持不改，自認給分公正。歐巴馬一直耿耿於懷，直至今日。

在紐約的哥倫比亞大學

小池塘難養大魚，歐巴馬上大三時（一九八一）轉學至紐約哥倫比亞大學，這在他的人生旅程上是一大轉機。從舒適的南加州搬至萬頭攢動的紐約，從一個小學校跳到名聞世界的常春藤盟校，對他來說確實是一大挑戰，歐巴馬自己亦承認是他生命史上的「重大改變」。他要扔掉「不好的東西」，向過去告別，到紐約展開新生活。在許多方面，歐巴馬似乎變成一個脫胎換骨的人；他在哥大主修政治學和國際關係，日子過得很充實、很快樂，他在哈林區附近租了一間公寓，有個巴基斯坦室友。

一九八二年暑假，歐巴馬的母親安和同母異父的妹妹瑪雅特地到紐約探望他，她們發現歐巴馬變了一個人，跟以前大不同。母女在他的狹小公寓打了幾天地舖後，搬到公園大道安的朋友空出的公寓。歐巴馬在一間營造廠打工，整個夏天，安和兒子、女兒過著快樂的團圓生活，有時歐巴馬會指責瑪雅看太多電視，瑪雅也會向母親抱怨哥哥愛管她。有天晚上，母親很興奮地回憶她十八歲在夏威夷大學和二十三歲的肯亞學生巴拉克約會，她說在大學圖書館外面等了一個多小時，巴拉克還未出現，她睡著了。突然，巴拉克把她叫醒，她睜眼一看，除了巴拉克之外，還有兩個朋友。巴拉克很得意地對他的朋友說：「你看，我說她是個好女孩，她一定會等我。」

歐巴馬的母親回憶這段二十二年前的往事之後，不到幾個月，歐巴馬突然接到來自肯亞的一通電話，打電話的人是他的姑媽，她說巴拉克車禍喪生。歐巴馬聽到惡耗時並未掉眼淚，巴拉克死時才四十六歲。歐巴馬在九〇年代初撰寫《我父親的夢想》時，安看了他的初稿，改正他的一些錯誤，並對他說了不少他的父親巴拉克和繼父羅洛的好話。

在芝加哥的黑人社區

歐巴馬在哥大兩年，不喝酒、不吸大麻，也不參加任何派對，他自認過了兩年「隱士」生活，平時就是上課、看書、散步和寫作，但他開始對政治發生了興趣，他說他並不欣賞激進派的主張。然而他後來搬到芝加哥後，卻和激烈反對美國白人社會的黑人三一聯合基督教會牧師萊特（Rev. Jeremiah Wright, Jr.）一見如故，情同師友；萊特並為他證婚，兩個女兒出生時亦由萊特施洗。這段長達二十多年的密切關係，在二〇〇八年春天為歐巴馬帶來不小的選戰危機，而使他不得不發表三十七分鐘的種族問題演說以平息風暴。

哥大畢業後，歐巴馬在一家國際商務公司找到工作，負責撰寫商業信件，待遇不錯，又有秘書，但他覺得無聊。他畢業時曾向許多民權機構和黑人政客（如新當選芝加哥市長的哈洛德·華盛頓〔Harold Washington〕）求職，結果一封回信都沒有。他在商務公司做了幾個月即辭職，又到處寄發求職信，最感興趣的是到大都市黑人社區工作。他等了半年，終於收到芝加哥一個資深社區組織者的回信，信上說他們正徵求一個組織員，加以訓練後，在芝城南邊（South Side）黑人區從事社區工作，年薪一萬美元，另加買車費二千美元。

歐巴馬工作過的商務公司的警衛，聽說他準備接受這份工作，大不以為然。他說社區組訓工作毫無意義，黑人青年自己不爭氣，他們也不會感激你幫他們做事。歐巴馬早就想通了，他決心去嘗試新的挑戰和新的人生；他的芝加哥之行，全然改變了他的一生。

歐巴馬一直認為他在檀香山和洛杉磯西方學院的生活，不像一般黑人所過的日子，太寫意了，等於是「郊區的黑人」，而不是「城市的黑人」。他到了芝加哥以後，開始認同這個城市，也把伊利諾這塊土地當作他的故鄉。他在黑人社區工作三年，學到很多，但他了解到想在政界闖出一片天，要擁有政治影響力，他還是需要在學術和思想領域更上一層樓。於是，他在一九八八年進了哈佛大學法學院。

歐巴馬能夠在一九九〇年獲選為「哈佛法學評論社」首任黑人社長，功課好和辯才無礙固是主因，但他的中庸之道（也有人說是騎牆作風）更是贏得法學院同學支持的重要因素。他和保守派同學辯論時，他們會以為他同情保守派；他和自由派同學討論時，他們也會以為他傾向自由派。

哈佛大學畢業

歐巴馬於一九九一年自哈佛法學院畢業後，回到芝加哥。先在律師事務所當民權律師，並在芝加哥大學法學院講授美國憲法；一九九六年當選為伊利諾州州參議員（一九九七年一月上任），一直做到二〇〇四年十一月當選聯邦參議員為止。二〇〇〇年，歐巴馬曾挑戰黑人鮑比．魯希（Bobby Rush）的聯邦眾議員席位，結果慘敗。魯希從政前是黑人激進組織黑豹黨（Black Panther Party）成員，他在競選連任時，曾批評歐巴馬「不夠黑」。歐巴馬後來也被不少黑人貼上「不夠黑」的標籤，所謂不夠黑，是指膚色和政治思想。

南北戰爭結束後的南方重建時期（Reconstruction，一八六五年至一八七七年），掀開了美國史的新頁，但遲至一九六七年才選出第一位黑人聯邦參議員，這個人就是麻州的艾德華．布魯克（Edward Brooke），做了十二年參議員；第二個即是伊利諾州的女黑人卡露．莫斯理—布隆（Carol Moseley-Braun），只做一任（一九九三至一九九九），因貪腐而遭選民唾棄。二〇〇四年夏天，歐巴馬應民主黨總統候選人約翰．凱瑞（John Kerry）之邀，在波士頓舉行的民主黨全國代表大會上發表主題演說，名滿天下，而使他成為全美家喻戶曉的黑人青年政治家，美國政壇的明日之星。同年秋天，歐巴馬輕易地擊敗了共和黨黑人對手艾倫．基斯（Alan Keyes）而當選聯邦參議員。

歐巴馬的政治光環開始向全球閃爍。

從伊利諾州春田市出發，目標白宮

──歐巴馬「一石激起千層浪」的政治歷程

二〇〇四年初夏，伊利諾州女眾議員珍妮絲・沙科斯基（Janice D. Schakowsky）有事到白宮開會，她在外套上繫了一枚「支持歐巴馬進入參議院」（Obama for Senate）的徽章。布希總統和她握手寒暄後，又回過頭來對她的徽章看一眼，她怕腦筋欠佳、反應遲鈍的布希看錯了，馬上說：「是Obama，不是Osama（賓拉登的名字）。」布希答道：「我不知道這個人。」沙科斯基說：「總統先生，你會知道他的。」

那年七月二十七日，已做了七年伊利諾州州參議員但在全美仍鮮少人知道的歐巴馬，在波士頓舉行的民主黨全國代表大會上發表主題演說（keynote address），內容精采、口齒清晰、台風迷人，一夜之間成為政壇聞人，後知後覺的布希此刻應該「知道」他了吧。同年十一月初，歐巴馬當選伊利諾聯邦參議員。二〇〇七年二月十日，歐巴馬在林肯發跡的伊利諾州春田市宣布角逐民主黨總統候選人提名。

　　歐巴馬於一九九七年一月出任伊利諾州州參議員之前，即已在芝加哥黑人社區從事三年的草根工作，他深入基層，在社運和教會人士的贊助下，協助失學失業的黑人青年站穩腳跟。許多政客在從政前常大言不慚地宣稱：「為民服務」或「造福社區」，一旦當選，這些競選諾言即變成了跳票政見。唯獨歐巴馬在七年州參議員期間，任勞任怨地為社區做事，爭取建設與教育經費；協助窮人減稅、退稅和取得更好的健保；增加社區愛滋病的預防與治療經費（黑人患愛滋病者遠超過白人）；要求警察在訊問重罪嫌犯時必須全程錄影；要求保險公司支付婦女例行檢查乳房的費用。

伊利諾州媒體分析說，歐巴馬在州參議員任內能夠發揮有效而又有影響力的問政能力，主要是他和民主黨同事與共和黨對手都能合作無間，儘可能拋棄黨派與權力之爭。歐巴馬為人行事以圓融、和諧為主，他在州議會的表現亦復如此，儘管他在思想上和公共論壇上，也會展現有稜有角的一面。

聯邦參議員

二〇〇四年，雄心萬丈的歐巴馬競選聯邦參議員，民主黨初選獲勝後，與共和黨的傑克．雷恩（Jack Ryan）對壘。選戰期間，雷恩前妻向媒體提供他涉及婚外情的性愛錄影帶，雷恩被迫退選。原住馬里蘭州的黑人政客艾倫．基斯（Alan Keyes）匆匆趕往伊州參選，遭歐巴馬痛懲，開票結果，歐巴馬獲百分之七十選票，基斯僅得百分之二十七。

歐巴馬於二〇〇五年一月四日宣誓就任聯邦參議員，在一百名參議員中的資歷排名第九十九。歐巴馬進入參院後表現得非常虛心，常向民主黨參院大老請益。他很得意加入很多人爭搶的參院外交委員會（希拉蕊為參院武裝部隊委員會成員），當時共和黨為參院多數黨，外交委員會主席是印地安那州的資深共和黨參議員理察．魯格（Richard Lugar）。二〇〇六年二月，歐巴馬和魯格共同聯署嚴格限制武器擴散和黑市走私武器的法案，外委會對這項法案進行聽證之後，歐巴馬很興奮地打電話告訴妻子蜜雪兒。蜜雪兒卻打斷他的話，告訴他家裡廚房和浴室有螞蟻，叫他下班回家路上到店裡買黏貼螞蟻的膠片。歐巴馬說他掛上電話後，不禁想到愛德華．甘迺迪和約翰．麥肯這兩個參議員是否也會在回家路上買貼蟻片？

歐巴馬於二〇〇四年七月向民主黨全國代表大會發表擲地有聲的主題演說後，有些主流媒體即預測他將來會競選總統，但他一直否認會在近年內投身總統選舉。二〇〇六年一月，他在國家廣播公司（NBC）的電視節目〈會晤新聞界〉（Meet the Press）接受訪問時表示會做完六年參議員任期。

角逐總統

但在二〇〇六年十月的〈會晤新聞界〉節目中，歐巴馬開始鬆口了，他暗示他可能會改變主意，角逐總統。二〇〇六年九月，愛荷華州民主黨參議員湯姆．哈金（Tom Harkin）在故鄉舉行一年一度的烤肉大會，打算競選總統的各路豪傑一定會摒擋俗務去參與這項盛會，那天的主要演講人即是歐巴馬。

二〇〇六年十月二十三日出版的《時代週刊》，以歐巴馬為封面人物，標題是：「為什麼歐巴馬可能是下屆總統」。《時代》不久前曾推舉歐巴馬是「全球最有影響力的人之一」；二〇〇五年十月出版的英國《新政治家》（*The New Statesman*）推選歐巴馬為「能夠改變世界的十個人之一」。二〇〇五年十二月的美國《新共和》（*New Republic*）雜誌分析說，歐巴馬如要競選總統，最佳機會是在二〇〇八年而非二〇一二年，理由是二〇〇八年沒有競選連任的總統和副總統，民主與共和兩黨被提名的候選人皆是新手，因此歐巴馬希望極大。

事實上，在二〇〇六年，亦即歐巴馬出任參議員第二年，他即「偷偷地」請教麻州資深參議員愛德華．甘迺迪，和他同為伊利諾州的參議員理察．杜賓（Richard Durbin）以及前民主黨南達科塔州參議員湯姆．達紹爾（Tom Daschle）等人，關於他參選二〇〇八年總統大選的意見。這些黨內大老一致鼓勵他競選，早選比晚選好，晚選比不選好；尤其是在二〇〇四年以參院民主黨（少數黨）領袖身分連任失敗的達紹爾對歐巴馬說了一句話，更促成了他投身大選的決心，達紹爾說：「時機稍縱即逝，以後也許沒有像二〇〇八年那樣的機會了。」

二〇〇七年二月十日，歐巴馬刻意選定一百四十九年前（一八五八）林肯發表反對蓄奴的曠世演說〈分裂之家〉（House Divided）的伊利諾州首府春田市，向全美和全世界宣布參選民主黨總統候選人提名。他保證將展開正面的選戰，不作負面文宣，他的三大政見是：早日結束伊拉克戰爭、全民健保和逐漸做到能源獨立。歐巴馬並揭櫫他的兩大競選口號：「希望」（Hope）與「求變」（Change）。

歐巴馬投身大選的消息傳開後，立刻成為全美和全世界的頭條新聞，儘管美國媒體早已預料他會正式參選，但他在出任參議員第三年即踏入全國性政治，造成「一石激起千層浪」的衝擊，許多大富豪、影藝名人、學者和前柯林頓政府官員皆紛紛表態支持歐巴馬。尤其是以大學生為主的年輕選民和獨立派選民（即所謂游離選票）以及共和黨溫和派，更是熱烈響應。

募款超人氣

歐巴馬的募款情況最能反應出他的超人氣，二〇〇七年上半年即募得五千八百萬美元，創下了大選前一年競爭黨內提名的候選人在半年內所募款項的新紀錄。而歐巴馬在網路上的募款情形更是勢如破竹，遠遠超過兩黨任何一個候選人；最值得注意的是許多年輕選民在網路上捐出小額獻金（二百美元以下），這些獻金即多達一千六百四十萬美元。二〇〇八年一月，歐巴馬募得了三千六百八十萬美元，創下初選候選人單月募款紀錄。

歐巴馬聘請二〇〇四年大選曾為民主黨副總統候選人愛德華茲助選的策略家大衛．艾克索勞德（David Axelrod）出任他的首席顧問兼首席策略家，他們在二〇〇七年一月二日即曾閉門深談四小時。歐巴馬競選總部發動第一流的組織戰，在各州部署人馬，大批義工（以大學生為主）加入助選團隊。在競選文化中，有好的候選人還不夠，必須要有上乘的助選團隊，從總部的策士、幕僚、顧問到深入草根的義工，都是勝選的必要因素。

二〇〇八年初選首戰，一月三日在愛荷華州揭開序幕，許多州提早舉行初選（primary）或黨團會議（caucus），愛州亦不例外。歐巴馬在愛州黨團會議中旗開得勝，得票率百分之三十七．六，擊敗愛德華茲的百分之二十九．七和希拉蕊的百分之二十九．五。勝選消息震撼全美，歐巴馬成為有史以來第一個在愛州黨團會議中勝選的黑人候選人，而希拉蕊競選總部頓時陷入緊張而又慌張的狀態，下一戰新罕布夏州初選即變成只許贏不許輸的關鍵州。其實，二〇〇七年夏天，希拉蕊幕僚即曾在愛荷華秘密進行民調，他們發現勝選希望極微，希拉蕊策士反對參加黨團會議，因此希拉蕊甚少親征愛州。

愛州獲勝後，歐巴馬士氣如虹，所有民調幾乎一致預測他在新州領先十個百分點，希拉蕊在壓力下差點淚灑咖啡店，一度哽咽，話不成句。開票結果，希拉蕊險勝，民調跌破眼鏡，歐巴馬聲勢頓挫。希拉蕊選後坦承，如新州敗選，她的選戰即可能完全崩潰。希拉蕊繼柯林頓一九九二年之後，又成為「反敗為勝的小子」（Come-back kid）。

預測失靈

二〇〇八年兩黨初選，「意外」頻傳，許多「預測」皆失靈，而使選戰更千變萬化、扣人心弦。這些意外包括：㈠選前民調和媒體皆預言二〇〇八年大選將是民主黨希拉蕊對抗共和黨朱利安尼（任內發生九一一事件的紐約市長）的局面。沒想到投機取巧的朱利安尼在佛羅里達州孤注一擲，結果大輸，「死相」極慘；而希拉蕊竟也陷入「困獸鬥」。㈡二〇〇七年夏天，民調和媒體皆報導亞歷桑那州共和黨參議員約翰·麥肯因募不到款項，內部高幹失和，以致選不下去，情況極壞，很可能會退選。沒想到，年過七十的越戰老戰俘（戰機遭越共擊落，坐牢五年半），竟在二〇〇八年二月即拔得頭籌，而鐵定成為共和黨總統候選人。

二〇〇八年一月歐巴馬在愛荷華黨團會議獲勝，到三月初希拉蕊連贏德州、俄亥俄州和羅德島州，這兩個火熱對手上演了民主黨近半世紀以來難得一見的激烈初選，歐巴馬一路領先，希拉蕊苦苦追趕。

歐、希兩人，必須在八月底於科羅拉多州丹佛市舉行的全國代表大會（即總統候選人提名大會）上得到二〇二五張代表人票，始能勝出，獲得提名。黨內初選除了爭取各州的全民票數（popular votes），更重要的是要爭取代表人（Delegates）票，黨大會提名候選人即依憑代表人票的多寡而定。各州初選和黨團會議的代表人票，依候選人所獲全民票數來分配。據《紐約時報》報導，截至三月四日，歐巴馬已獲一二九九張代表人票，希拉蕊有一一八〇張代表人票。美聯社則統計歐巴馬有一五六七張代表人票，希拉蕊有一四六二張。雙方僵持不下的結果，最可能出現的一個情況是，歐、希兩人都拿不到二〇二五張代表人票，而必須由七九四名「超級代表人」來決定誰是總統候選人。所謂「超級代表人」是指民主黨內的高級黨工、民選官員、國會議員及一些大老。目前，歐、希二人正鼓足全力爭取超級代表人票，歐巴馬則堅持超級代表人應支持在初選中獲得最多全民票數的候選人。

民主黨初選於六月七日結束（波多黎各），希拉蕊必須在四月二十二日的賓州、五月六日的印地安那州和北卡羅萊納州等三州初選獲得大勝，才有希望出線，小勝都不行，否則大勢已去。但也有

強勢妻子蜜雪兒，運籌帷幄助選舉

歐巴馬也許是全世界最幸運的男人，一生都在三個女強人無微不至的照拂下，而使他出人頭地。第一個是他的外祖母，第二個是他的母親，第三個就是他的妻子蜜雪兒・羅賓遜・歐巴馬（Michelle Robinson Obama）。

從黑人區到常春藤盟校

蜜雪兒的家族背景與歐巴馬大不相同。歐巴馬在一個不安定的環境中成長，不太認識他的生父，母親亦常年不在身邊，而蜜雪兒則生於一個健全而溫馨的家庭。在貧窮的芝加哥南邊（South Side）黑人區，很少家庭像羅賓遜家那樣正常運作，許多黑人家庭是由單親媽媽獨撐大局。

蜜雪兒和哥哥能夠從芝加哥黑人區進入常春藤盟校普林斯頓大學，他們的父母功不可沒。蜜雪兒的父親福雷塞（Frasier Robinson），話不多但令人敬畏，子女做錯事絕不亂罵，他只要嚴肅地說：「我很失望！」子女聽了就慚愧得無地自容。羅賓遜一家住在一棟只有一間臥室的小房子裡，福雷塞二十多歲時即患了多發性硬化症（multiple sclerosis），但每天還是堅持到自來水廠上班，同時又是民主黨社區領袖，一九九一年去世。母親是家庭主婦，已年過七十，現仍住芝加哥。

蜜雪兒的哥哥柯雷格（Craig）在高中時是籃球健將，學業成績亦不錯，獲普林斯頓獎學金，他在校隊的得分紀錄名列普大校史上前四名，現為布朗大學籃球隊教練。蜜雪兒從小功課就好，一直名列前茅，高中畢業後獲普林斯頓獎學金，主修社會學。普大是常春藤八大盟校中對少數族裔（尤其是黑人）最不友善的一個，白人學生的優越感很強。蜜雪兒在普大並不十分快樂，很少白人朋友，都和黑人同學聚在一起，他們常出沒普大「第三世界中心」。

蜜雪兒的學士論文即探討普大黑人畢業生與黑人社區的關係。她說，在普大四年使她比以前更自覺是「黑人」，又說普大校園應該是個思想開放的地方，其實不然，而使她覺得是個「訪客」。她界定自己的身分時，總是把黑人放第一，學生次之。一九八五年以優異成績畢業，並獲哈佛大學法學院錄取，一九八八年獲法學士學位。歐巴馬雖大蜜雪兒三歲，但因在芝加哥從事黑人社區組織工作，一九九一年始從哈佛法學院畢業。

邂逅歐巴馬

蜜雪兒在芝加哥司德利．奧斯汀（Sidley Austin）律師事務所主理智慧財產權法和商標法案件，這是「風城」（Windy City，芝加哥稱號）頗有名的一家律師事務所，上百名律師中只有蜜雪兒是黑人。一九八九年夏天，蜜雪兒聽說有位哈佛法學院學生將到公司來實習，並由她負責指導這位姓名很奇怪的黑白混血實習生。歐巴馬上班不久即想和上司蜜雪兒約會，蜜雪兒表示：「不合適」，歐巴馬並不氣餒。有一天他邀請蜜雪兒到他服務過的社區聽他演講，題目是：「縮小外在世界與我們的鴻溝」，蜜雪兒頗受感動。

蜜雪兒和歐巴馬常在一起吃午餐並多次參與教會與社區活動，但他們第一次正式約會是一道去看黑人導演史派克·李（Spike Lee）導演的《為所應為》（*Do the Right Thing*）。看電影時，歐巴馬伸手偷摸蜜雪兒的膝蓋，蜜雪兒並未阻止他，一直讓他摸。多年後，歐巴馬遇到史派克·李，還鄭重向他致謝說：「你的電影撮成了我和蜜雪兒的婚事。」一九九二年十月十八日，歐巴馬和蜜雪兒在芝加哥結婚，一九九九年長女瑪利婭·安（Malia Ann）出生，兩年後又生下次女娜塔夏（Natasha，又稱 Sasha）。

蜜雪兒離開律師事務所後即到芝加哥市政府市長辦公室上班，

後來轉至芝加哥大學附設醫院出任主管社區關係的副總裁，年薪二十七萬五千美元，二〇〇八年一月請假助夫競選。蜜雪兒做事有條有理，自我要求很高，注重效率和紀律，每天晚上九點半上床，早上四點半起床後，一定做一小時運動。

歐巴馬在生活上欠缺「紀律」，和蜜雪兒大相逕庭。快人快語的蜜雪兒在助選時常披露丈夫生活細節上的一些糗事，說他早晨起床後口臭、從冰箱取出牛奶和牛油總是忘記放回冰箱、臭襪子到處亂扔、書桌和辦公桌凌亂不堪、睡覺常鼾聲如雷。後來有人勸蜜雪兒不要老是把歐巴馬「不修邊幅」的事公諸選民，會被希拉蕊及共和黨用來當子彈。

歐巴馬於二〇〇五年元月正式就任伊利諾州聯邦參議員，他一個人在華府租房子，週末回芝加哥，蜜雪兒和兩個女兒留在芝城。歐巴馬參選民主黨總統候選人提名後，蜜雪兒成為他的頭號顧問、頂尖智囊，所有重要會議和任何重大決策，蜜雪兒必定參與，提供意見。歐巴馬如在辯論時表現不佳或遭觀眾噓聲，蜜雪兒會對幕僚不悅地表示：「我不希望再看到這種情況。」

強勢作風

有不少人批評蜜雪兒趾高氣揚、神氣活現，在演說時會不自覺地顯露出優越感（condescending）。也有人說她比歐巴馬更強硬、更難對付。在許多黑人高級知識份子裡面，尤其是常春藤盟校和其他名校出身的人，常會流露出自滿與自負的神情，也許他們自以為不輸白人甚至超越白人而躊躇志滿、得意非凡。歐巴馬身上沒有半點這種味道，蜜雪兒則有一點。

由於蜜雪兒的強勢作風與剛強性格，有些人指責她是個「使丈夫失去男性氣概的妻子」（emasculating wife）。她說她和歐巴馬對這項「不虞之毀」的指控一笑置之，她反問道：「歐巴馬是個會被妻子『去勢』的人嗎？」歐巴馬自承年輕時吸過大麻，亦用過古柯鹼毒品，日後都戒掉了，但仍吸煙。他透露，其妻同意他競選總統提名的條件之一就是要他戒煙，在權力的誘惑下，歐巴馬終於下決心戒煙。

蜜雪兒有話直說的個性，在初選期間曾為她帶來一些困擾。二〇〇八年二月十八日，她在密爾瓦基市發表助選演說時表示：「在我成年的生活中，我首次以我的國家為榮，我深深感覺到『希望』終於回來了。」這段話曾遭到一批右翼媒體的聲討，斥責她過去未曾愛過美國，而扣她「不愛國」的大帽子。蜜雪兒曾在八天之內連趕三十三場助選造勢大會，她可以發表四十分鐘的即席演說而不必看講稿或筆記。

歐巴馬嘗言，蜜雪兒是他的「老闆」（Boss），也是他的「磐石」（Rock）；如沒有她，他將找不到人生的方向和目的。

歐巴馬從小即在外祖母和母親的撫育下長大，深諳跟強勢女人相處之道；對他來說，蜜雪兒是好妻子、賢內助，更是最可信賴的政治顧問。有妻如此，歐巴馬方能斬將搴旗，向白宮邁進。

III

歐巴馬與希拉蕊

精心設計的希拉蕊VS.不做作的歐巴馬

希拉蕊終於正式宣戰了！

這位野心勃勃的女強人，在網路上宣布投入二〇〇八總統初選後，美國各大電視台從早到晚都在播放她的生活紀錄片，這些紀錄片早已播過無數次，看多了令人倒胃口。從一九九二年開始，希拉蕊就已經在媒體上拋頭露面，許多美國選民早產生「柯林頓厭煩症」，不想再看到柯家夫婦的嘴臉，這是不利希拉蕊競選的一個警訊。

如果希拉蕊在二〇〇八勝選出任總統，四年後萬一連任成功，則從一九八九年一月至二〇一七年一月的二十八年中，美國總統全被布希父子和柯林頓夫婦所包辦，這是相當掃興的事。難道美國沒有領袖人才嗎？美國選民願意忍受這種「家天下」的局面嗎？

希拉蕊比她的丈夫更自律，也更會為自己打算，她擁有堅強的組織，幕僚向心力很強，又有龐大的經費。她和歐巴馬是兩個完全不同典型的人，歐巴馬很自然，沒有半點做作，坦誠、直率，頗有領袖氣質。民調說六成美國選民並不介意選黑人或女性當總統，由於美國過去六年已被布希搞砸了，未來兩年也不可能變好，因此，希拉蕊和歐巴馬的機會很大，他們爭先恐後宣布參選，主要是可以先行公開募款。

歐巴馬——沒有經驗的生手

但歐巴馬的問題並不是在黑膚色（black），而是在綠顏色（green，沒經驗的生手），他今年四十五歲，二〇〇四年才選上參議員。未來民主黨初選，似乎只有希、歐兩個人最具吸引力，也最有出線希望。愛德華茲在二〇〇四大選中的表現已證明他是個輕量級，也許他只是尋找再當副總統候選人的機遇，其他打算出馬的民主黨候選人亦皆無足觀也。共和黨中的亞利桑那州聯邦參議員麥肯情緒不穩定，以前反布希，現在卻全力支持布希打伊戰；前紐約市長朱利安尼則是個老滑頭，他當紐約市長的政績以及在九一一的表現被過度渲染、誇大，而他本人又是個極會自我膨脹的政客。

希拉蕊陣營早已把歐巴馬當假想敵，而歐巴馬也已經數次跑到紐約希拉蕊的地盤舉辦募款餐會，風頭甚健，有人說他像約翰·甘迺迪，但他在許多方面比較具有羅伯特·甘迺迪的特質，對人真誠、關懷弱勢、平易近人以及身上顯露出一種光和熱。不久前歐巴馬到新罕布夏州演講，受到英雄式的歡迎，百分之九十的聽眾都是白人，又以中老年人居多，希拉蕊看在眼裡，酸在心裡。

希拉蕊在兩次聯邦參議員選舉中都選得很漂亮，但另外四十九州的選民是否會像紐約州選民那樣擁護她呢？希拉蕊從做第一夫人以至今天，碰到不少挫折，也得到許多教訓，她為了討好保守派選民，近幾年來一直想辦法減少自由派的色彩而慢慢走向中間路線，這也許是一個有野心、有目的的政客，不得不去調整自己的策略，就像共和黨的麥肯越來越右一樣。

希拉蕊——太過經心設計

但希拉蕊做任何事總給人一種事先經過精心設計的感覺，鑿痕太明顯，可能是她太過依賴幕僚作業的緣故，這也證明她不是一個渾然天成，而需後天雕琢的政客，與她天才型政客的丈夫不一樣。

希拉蕊和歐巴馬勢將在民主黨初選中你來我往，短兵相接，但也不能排除希拉蕊當總統候選人、歐巴馬做副總統候選人的可能性。民主黨如果在二〇〇八組成這支「夢幻隊伍」，共和黨也許會被迫祭出種族牌和性別牌，號召保守派白人不要把女性和少數民族拱進白宮。

原載於二〇〇七年一月二十三日《中國時報》國際新聞版

一個女人和一個黑人的總統夢

美國民主黨兩位巨星希拉蕊和歐巴馬正式宣布參選總統，五十九歲的前第一夫人希拉蕊施展渾身解數，表現她的衝勁與多面性，四十五歲的非裔美國人歐巴馬以年輕和才學被選民看作甘迺迪再世。兩人甫一登場，民調便壓倒共和黨兩位候選人，〇八總統大選硝煙已起。

被美國媒體稱為「政治超級明星」的黑人參議員歐巴馬搶先於二〇〇七年一月十六日在網路上宣布角逐二〇〇八年民主黨總統候選人提名；四天後，希拉蕊亦在網路上宣布投入民主黨提名戰，口氣比歐巴馬還大，她說「我參選了，而且志在必贏」（I'm in, and I'm in to win）。

這兩位民主黨最耀眼的巨星，參選總統的第一步是籌辦試探委員會（exploratory committees）。按聯邦選舉法規定，個人捐款給一位候選人不能超過二千一百美元，但可同時捐款給多位候選人。歐巴馬宣布出馬後數小時，激進自由派的億萬大富豪喬治·索羅斯（George Soros）立即捐出兩千一百美元給歐巴馬。

希拉蕊宣布競選

希拉蕊是否參選總統，可說是近年來美國最熱門的政治猜謎遊戲，雖然種種跡象顯示這位五十九歲的前第一夫人、現任聯邦參議員參選總統的可能性極高，但在她正式宣布開戰之後，政治猜謎驟然轉變為寫實的政治競賽，野心勃勃的希拉蕊終於披掛上陣了。聰明到家的希拉蕊很清楚一些媒體常批評她予人一種「冷漠」（cold）和「不來電」（disconnect）的感覺，因此她刻意在一間看似頗為舒適、溫暖的客廳和顏悅色地與選民「聊天」，她「強調」要和選民「對話」，她的競選口號：「讓對話開始！」（Let the conversation begin!）

希拉蕊是個做事情極有計劃的政治人物，她在二〇〇〇年十一月首次當選紐約州聯邦參議員後即加入參院武裝部隊委員會當一名最資淺的「新鮮人」，她以低姿態而又很虛心地向委員會資深同事請教。六年來，希拉蕊已有豐富的國際知識，一些高級將領對她發表的軍事見解頗為折服，認為「內行人說內行話」。同樣道理，歐巴馬〇五年一月以「菜鳥」（新人之意）身分加入參議院外交委員會，亦是為建立外交領域的知識和發言權，他當年就讀哥倫比亞大學時，專業就是國際關係，後來又到哈佛大學法學院深造。

希拉蕊參選後，民調聲望立刻直線上升。《新聞週刊》（*Newsweek*）在希拉蕊宣布參選前進行了一次民調，已宣布參選共和黨總統候選人的亞利桑那州參議員約翰·麥肯以一個百分點落後希拉蕊（百分之四十八比百分之四十七）。但希拉蕊投入競選後，《新聞週刊》於一月二十七日公布最新民調，希拉蕊與麥肯民調對比變成百分之五十比百分之四十四。歐巴馬與麥肯的民調為百分之四十八對百分之四十二。《新聞週刊》民調亦顯示希拉蕊和歐巴馬皆壓倒共和黨另一參選人、前紐約市長朱利安尼。

當年約翰．甘迺迪是在大選投票前十個月（一九六〇年一月二日）始宣布角逐總統提名；四十七年後的今天，兩黨總統候選人都在投票前兩年就已開始布陣開打，而競選經費更是飆漲至天文數字。新罕布夏州和愛荷華州通常是最早揭開大選序幕的兩個州，新罕布夏是第一個在大選年舉行黨內初選（primary）的州，而愛荷華州則是以召開黨團會議（caucus）的方式來票選候選人。因此，這兩個州是每個候選人的必爭之地，勝則士氣大振，敗則選途不妙。但亦有例外，二〇〇〇年新州共和黨初選，麥肯痛懲布希，惜後力不繼，再加上布希競選團隊採用齷齪戰術抹黑對手，麥氏終飲恨而退。

歐巴馬後來居上

歐巴馬曾於二〇〇六年十二月中旬單槍匹馬遠征新罕布夏州，受到民主黨選民英雄式的歡迎，其中百分之九十群眾為中老年白人男女，他們都把歐巴馬當作約翰·甘迺迪再世，這位四十五歲的政壇明日之星，口才便給、台風甚佳，講話不疾不徐，白人聽眾如醉如癡。

希拉蕊不讓歐巴馬專美於前，她於一月二十六日專程到愛荷華州競選三天，受到極熱烈的歡迎，她已四年未駐足愛州。在多次公開露面的場合，希拉蕊大談她的政治理念、痛批布希治國無方並熱情地描繪美國的未來。民主黨自由派最不滿意希拉蕊的是她在二〇〇二年十月投票贊成伊拉克戰爭，同樣投贊成票的二〇〇四年民主黨總統與副總統候選人凱瑞和愛德華茲皆已公開認錯，深表遺憾。唯獨希拉蕊仍嘴硬，堅持不認錯，僅表示如果當時知道布希提供錯誤資訊，就不會投贊成票，意思是說她被布希所誤導。

希拉蕊最近風塵僕僕地搭乘軍用專機跑了一趟伊拉克、巴基斯坦和阿富汗，她反對布希對伊拉克增兵，主張在阿富汗增兵，因塔利班份子的反撲力量越來越大，並以嚴厲的口吻批判布希的伊戰政策。她向數千名愛荷華選民展示「多面孔的希拉蕊」，她說她是女人也是媽媽，有人懷疑女人是否能當總統？美國人是否會選出女性總統？她表示只有在我們嘗試去參選才知道，「我決定要參選，並在你們的協助下去參選。」聽眾報以熱烈掌聲，一名女選民大喊道：「姑娘，加油吧！」（You go, girl!）

希拉蕊亦以堅定的語氣向選民顯露她強硬的一面。她說她看到了二〇〇四年大選，凱瑞遭共和黨抹黑其越戰事跡的錄影帶，獲得了一個寶貴的教訓，那就是：你受到攻擊時，必須立即作出反應，你要把對手打倒（deck your opponents）。在聽眾掀起讚賞而又會意的笑聲中，希拉蕊繼續說：「你們可以指望我堅守立場，而且反撲回去。」

黑人領袖力挺希拉蕊

目前所有的民主黨黨內民調皆顯示希拉蕊遙遙領先歐巴馬，不少黑人領袖已公開表態力挺希拉蕊，原因在於：許多人都說不了解歐巴馬，他們太了解希拉蕊，也知道希拉蕊一向支持黑人，尤其是柯林頓更是黑人的偶像，希拉蕊也是黑人的朋友。此外，歐巴馬從政經驗不夠（伊利諾州參議員七年、聯邦參議員兩年）。《紐約每日新聞》（*New York Daily News*）的政治兼體育評論家麥克・陸比卡（Mike Lupica）說，歐巴馬的問題不在於他的黑膚色（black），而在於他的綠顏色（green，沒有經驗的生手）。

但歐巴馬的出身背景和獻身政治已為美國的政治景觀帶來嶄新的色調，並鼓舞了新一代的美國人。他是兩黨角逐總統的人馬中，唯一一個「後嬰兒潮」（post baby boomers）的新秀，他於一九六一年八月四日生於檀香山（Honolulu，火奴魯魯）。歐巴馬的父親巴拉克·歐巴馬（父子同名同姓）是信奉伊斯蘭教的肯亞黑人，一九五〇年代末留學夏威夷大學時和來自堪薩斯州的白人女子同學安·鄧漢姆（Ann Dunham）結婚，婚後兩年即離異。老歐巴馬曾回肯亞，後又到哈佛讀經濟，學成再返回肯亞，一九八二年不幸車禍喪生。

歐巴馬妹夫是華裔

離婚後，歐巴馬的母親仍留在檀香山繼續攻讀博士，並嫁給一個印尼籍穆斯林留學生羅洛·索托洛（Lolo Soetoro）。婚後兩人帶著稚齡的歐巴馬回到雅加達，鄧漢姆和印尼丈夫生了一個女兒瑪雅（Maya）。二〇〇六年十月歐巴馬接受收視率極高的《歐普拉脫口秀》（*The Oprah Winfrey Show*）訪問時透露，他的同母異父妹妹瑪雅嫁給一個加拿大籍華人。歐巴馬的妻子蜜雪兒（Michelle）說歐巴馬家族像個「小型聯合國」。

歐巴馬在雅加達住到十歲即返回夏威夷上學，由他的外公外婆撫養，母親堅持要歐巴馬上好學校。最令歐巴馬抱憾的是，到他學有成就時，母親已去世了。歐巴馬在加州西方學院（Occidental）讀了兩年即轉學到紐約哥倫比亞大學。他回憶說，在高中和大學時代「過了一段荒唐的日子，做了很多愚蠢的事」，抽大麻也用過古柯鹼，亦常酗酒，現在都戒掉了，但還吸煙。誠實的歐巴馬大大方方說他抽大麻的往事，不誠實的柯林頓則說他年輕時也抽過大麻，「但未吸進去」，成為大笑柄。

歐巴馬自哥大畢業之後在紐約做了一年事，再到芝加哥做了幾年事後考進哈佛法學院讀了三年，並成為有史以來第一個黑人出任「哈佛法學評論社」社長。歐巴馬在成長過程中曾遭遇兩種認同危機，一個是種族認同，一個是信仰認同。他的內心歷經掙扎，終於在芝加哥「安心立命」，找到了自我，他正式認為自己是黑人（非洲裔美國人），並受洗為基督徒。

歐巴馬在芝加哥一家法律事務所上班時，公司指定一名也是哈佛法學院畢業的女黑人律師蜜雪兒．羅賓遜指導他。不久，歐巴馬想要和蜜雪兒約會，蜜雪兒心想：「老師怎麼可以和學生約會？」過了一年兩人即結婚，生有兩個女兒，一個七歲，一個四歲。蜜雪兒目前是芝加哥大學附屬醫院主管社區關係的副院長。蜜雪兒做人做事頗注重自律，對丈夫和女兒亦做同樣要求。她本來對丈夫參與總統選舉感到很矛盾，最後全心投入競選工作，歐巴馬的每一篇演講稿和聲明，她事先一定過目。

因選民對歐巴馬不夠了解，媒體已對他的過去展開深入查訪，一月二十八日的《紐約時報》即在頭版上報導他當年就讀哈佛法學院的情形，一些教授和老同學都說歐巴馬講話常模稜兩可，對立兩方辯論時，大家都以為歐巴馬站在他們這一邊。

布希執政六年，不僅將自己的政治資本耗得精光，甚至連共和黨的前途也被他和錢尼葬送掉。許多政治評論家認為希拉蕊在二〇〇八年勝選機會極大。

極右媒體挑撥

目前一個奇特的現象是，一批保守派專欄作家紛紛呼籲歐巴馬參選到底（他說他會在二月十日做最後定奪），也許想讓歐巴馬猛打希拉蕊以造成兩敗俱傷的局面。最可笑的是，南韓統一教教主文鮮明所擁有的右翼《華盛頓時報》發行《洞察》（*Insight*）雜誌，竟造謠說歐巴馬在印尼上過一所專門傳授偏激穆斯林思想的學校（Mardrassa），並說該消息由希拉蕊的人馬傳出。事實上歐巴馬在印尼讀的是小學，十歲就回到夏威夷。澳洲裔報人梅鐸所主持的福克斯（FOX）電視台大肆渲染這項無中生有的消息，遭CNN痛加修理。聰明的歐巴馬和希拉蕊當然並未為此打得你死我活，他們分別發表聲明，嚴譴極右媒體下三濫的做法。

二〇〇八年美國大選還距離遙遠，戰鼓聲和號角聲卻已然隨著政治烽火遍地響起。

原載於二〇〇七年二月十一日《亞洲週刊》

好萊塢大亨狠批希拉蕊，民主黨陣營起內訌

好萊塢一向是美國民主黨的大金主，每逢選舉，民主黨政客必定到影城打秋風，狠狠撈它一票。在台灣農曆新年期間，角逐民主黨總統候選人提名的兩大對手希拉蕊和歐巴馬陣營，卻因爭食影城大餅而爆發前所未見的口水戰，徒使剛起步的總統選戰平添濃濃的火藥味。

導致這場劇烈爭執的是有「最迷人的媒體刺客」之稱的《紐約時報》專欄作家陶曼玲（Maureen Dowd）。

柯林頓當總統時，好萊塢全聽他一個人使喚，從大導演史蒂芬·史匹柏到大歌星芭芭拉·史翠珊和大明星湯姆·漢克，大家都以做

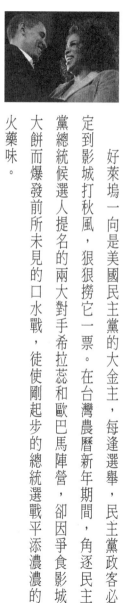

「比爾之友」（ＦＯＢ）為榮，幾乎每個金主都睡過白宮林肯臥室。但今年卻不一樣了，許多人患了「柯林頓倦怠症」，轉而支持黑將歐巴馬，其中包括喬治·克隆尼、歐普拉、莎朗·史東、奧立佛·史東、黛咪·摩兒、丹佐·華盛頓、麥特·戴蒙、班·艾佛列克和珍妮佛·安妮斯頓等人。

比佛利山莊的盛大募款晚會

過去曾為柯林頓募到一千八百萬美元並曾兩次下榻林肯臥室的影城鉅子大衛·葛芬（David Geffen），於二月二十日晚上在比佛利山莊出面為歐巴馬開了一個盛大的募款晚宴，三百多人捐出一百三十萬美元獻金，歐巴馬夫婦笑得一晚合不攏嘴。

晚宴前一天，陶曼玲在葛芬的豪宅專訪這位六十四歲、公開自己是同性戀的大亨，話題全集中在柯林頓夫婦身上。葛芬當年是「比爾之友」的大將，而今成了「比爾之敵」的統帥，他們是在柯林頓下台前鬧翻的。

每逢總統卸任前，可以特赦一批人，葛芬向柯林頓請求特赦已坐牢二十五年的美國印第安原住民運動激進份子李奧納・裴提爾（Leonard Peltier），葛芬認為憑他和柯林頓的交情，特赦應無問題。但柯林頓卻不給他面子，拒絕特赦裴提爾，反而特赦逃亡歐洲的經濟重犯馬克・瑞奇（Marc Rich），原因之一是，此人的前妻係紐約很有名的交際花兼柯林頓的大金主，柯林頓不敢特赦裴提爾，可能是他犯了謀殺罪，裴氏於一九七五年殺死兩名聯邦調查局探員。

葛芬從此與柯林頓決裂。他那天在陶曼玲面前痛罵柯林頓夫婦，用詞極為嚴峻，他說：「搞政治的人沒有不撒謊的，但沒有人像他們那樣把撒謊當家常便飯。」又說：「柯林頓是個魯莽、胡搞的傢伙，常向敵人提供彈藥而荒廢國本。」這位和史蒂芬・史匹柏一起創設「夢工場」製片公司的影壇大亨也痛批希拉蕊是個「最容易激發兩極對立的人物」，她做任何事都是照腳本來演，連台詞都先寫好。葛芬說，共和黨一直在挖柯林頓夫婦醜史，希拉蕊是他平生所僅見最有野心的女政客，共和黨會很容易擊敗她。

陶曼玲把葛芬的談話發表在二月二十一日的專欄上，炸彈立刻爆發。當天早上九時四十六分，希拉蕊競選總部發表一份措詞嚴厲的聲明，要求歐巴馬為葛芬的談話而道歉，並要求歐巴馬退還一百三十萬獻金。聲明還說，歐巴馬過去一直強調要進行高格調的選戰，現在卻使選戰摻入了爛泥巴，應該自譴。歐巴馬總部亦非省油的燈，馬上反駁說，葛芬發表個人看法是他的自由，與歐巴馬毫無關係，何來道歉？更何來退錢？聲明又說，當年葛芬為柯林頓籌募了一千八百萬美元，並請他住宿白宮林肯臥室，兩個人哥倆好，現在卻翻臉，這不是很諷刺嗎？

在兩造陣營互射飛彈聲中，希拉蕊和歐巴馬本人都保持風度，不出惡言，完全讓部屬代打。在旁邊觀戰的共和黨則興奮異常，他們最喜歡看到的是分裂的民主黨，沒想到距大選投票還有一年九個月之遙，兩個跑在前頭的候選人卻先互咬起來。

希拉蕊在好萊塢的死忠支持者

目前仍對希拉蕊死忠的好萊塢名人有伊麗莎白・泰勒、瑪丹娜、梅格・萊恩、瑞絲・薇絲朋。騎牆派則包括史蒂芬・史匹柏、芭芭拉・史翠珊、湯姆・漢克。

去年底，希拉蕊的幕僚開了一整天的會，討論要不要為二〇〇三年十月十日希拉蕊投票贊成布希入侵伊拉克而公開道歉，當時參議院以七十七票贊成、二十三票反對的懸殊比數通過布希侵伊案。投贊成票的愛德華茲、拜登、凱瑞、陶德已先後公開道歉。希拉蕊的幕僚分成正反兩派辯論，結果反對道歉派勝利（其中包括未來很可能當國務卿的郝爾布魯克）。

於是，堅持不道歉的希拉蕊在任何場合都被選民追問她為何不道歉？她辯解說，該道歉的是布希，不是她。葛芬就批評希拉蕊，難道說一句「我錯了」有那麼難嗎？

三月下旬，美國超市大王巴克（Ron Burkle）將在好萊塢為希拉蕊辦一個盛大募款晚宴，以與葛芬為歐巴馬辦的宴會別苗頭。單身的巴克現在是柯林頓夫婦最要好的朋友，每次遠行都向他借私人飛機。而「牆頭草」史蒂芬．史匹柏將和巴克聯合舉辦希拉蕊的籌款會。

影星、名人、娛樂、選舉和對罵炒在一起，就變成最吸引人的政治八卦。希拉蕊和歐巴馬陣營的互相吐槽，剛好為天寒地凍的美國帶來熱烘烘的新聞話題。

原載於二〇〇七年二月二十八日《中國時報》國際新聞版

八卦傳記揭開希拉蕊私密

兩本未得希拉蕊認同的傳記《女人當家》和《她的手段》面世，揭開她深層人格特質，以及她深知老公好色，一度想要離婚；兩人在婚前即有重整民主黨並進軍白宮、各做八年的雄心壯志。

柯林頓於一九九二年當選總統後，他和希拉蕊的傳記即不停地出版，據統計，十五年來已超過兩百種，最近又有兩本新著同時面世。一名政治漫畫家畫了一幅書店只賣「柯林頓書」、「非柯林頓書」的漫畫，以顯示柯林頓傳記多如牛毛。

一九七〇年代初與同事伍華德（Bob Woodward）一起揭發水門事件而導致尼克森下台的前《華盛頓郵報》記者卡爾·伯恩斯坦（Carl

Bernstein）最近推出了《女人當家》（*A Woman in Charge*）。另外，前《紐約時報》記者傑夫．戈斯（Jeff Gerth）與該報現任記者范納達（Don Van Natta, Jr.）合寫了一本《她的手段：希拉蕊．羅敦姆．柯林頓的希望與野心》（*Her Way: The Hopes and Ambitions of Hillary Rodham Clinton*）。

這兩本書的作者都是有頭有臉的調查記者，因此未出書先轟動。而二〇〇七年民主黨黨內總統初選提前開戰，政治熱季提前到來，原定今秋出版的這兩本傳記亦不得不挪前於六月初上市。兩書作者在撰寫期間，均未獲得希拉蕊本人的合作，傳主皆拒絕作者採訪。因此，希拉蕊陣營頗擔心這兩本書將對其選情產生負面影響。

伯恩斯坦以八年時間、訪問二百多人寫成了《女人當家》。他以比較同情傳主的心態追溯傳主的一生，但他一方面肯定傳主，一方面卻又不斷地披露傳主從小到大的一堆八卦故事，而且絕大部分都是負面的。伯恩斯坦說，希拉蕊的爸爸（已去世）是個暴君型的父親，管教子女極嚴，在希拉蕊的幼小心靈上留下了不少創傷。作者又說，希拉蕊在耶魯法學院和柯林頓成為情侶，但她拖了兩年始決定嫁給柯林頓，她知道柯林頓也許不會是忠實可靠的丈夫，但她還是和這位具有「南方魅力」的男子結婚。

未獲華府律師執照

伯恩斯坦透露，希拉蕊自耶魯法學院畢業後，雖在眾院調查水門事件委員會做檢察官的助理，但很少人知道她並未通過華府的律師資格考試，她隱藏這個秘密達三十年之久。而她決定搬至柯林頓的家鄉阿肯色州，亦可能和她未獲得華府律師執照有關。

《女人當家》雖是希拉蕊的傳記，但有極多的篇幅樫述柯林頓，因為希拉蕊會進入政壇，從阿肯色地方政治人物躍升為美國第一夫人，全與丈夫有關。伯恩斯坦踢爆說，風流成性的柯林頓，在州長任內與任職電力公司的瑪麗蓮．簡金絲（Marilyn Jo Jenkins）發生婚外情，兩人難分難捨，在柯林頓的眾多情人中，簡金絲是他的最愛，甚至曾考慮過休掉希拉蕊而和她結婚。華府過去一直謠傳柯林頓於一九九二年當選總統後，告別阿肯色首府小石城北上華府前夕，曾與簡金絲共度最後一夜。

柯林頓夫婦之間的關係，可說是他們兩個人的傳記中最熱鬧的話題，也是八卦最多的單元。伯恩斯坦說，希拉蕊面對丈夫拈花惹草的習性，早在一九八九年即曾嚴肅考慮過離婚，但因顧慮女兒仍太小，而且本身既無足夠積蓄亦無房產，遂放棄離婚念頭。當柯林頓競選總統時，據說希拉蕊曾告訴友人，柯林頓如當選，對他們的婚姻會大有助益，國事的繁重和媒體的聚焦將可緩和柯林頓的「性衝動」。事實證明希拉蕊一廂情願的想法大錯特錯，柯林頓照樣在白宮越軌，還差點被迫捲鋪蓋走路。

擅長挖內幕新聞的伯恩斯坦披露，希拉蕊從學生時代開始即有「持續憂慮跡象」，由於一九九四年年底密友佛斯特（Vi Foster）自殺、父親去世及她所主導的全民健保計劃在國會受到重挫，希拉蕊的憂鬱症更為嚴重。佛斯特是當年希拉蕊在小石城當律師時最要好的一位同事，多年來一直盛傳佛斯特是希拉蕊的秘密情人，但伯恩斯坦認為他們兩人並未發生性關係。患有憂鬱症的佛斯特跟著柯林頓到白宮任職，眼看希拉蕊成為第一夫人後開始對他冷淡，又碰到特別檢察官調查阿肯色白水置地弊案，心理不堪負荷而走向自殺之途。

當時，調查白水案（檢察官最後認定希拉蕊與佛斯特並無不法情事）的記者群中，《紐約時報》的傑夫．戈斯最為賣力。他和范納達合著的《她的手段》和伯恩斯坦的《女人當家》相比，雖較少八卦，戲劇性的內幕亦比較少，但《她的手段》透露柯林頓夫婦在婚前即已定有重整民主黨並進軍白宮的雄心。柯林頓的一個前女友曾看到他寫給希拉蕊的信，裡面談到他們兩人的政治規劃，其中包括兩個人都要當總統，而且每個人都要做八年。

《她的手段》裡，最值得重視的是深入探究希拉蕊對伊拉克戰爭的立場。希拉蕊在二〇〇二年十月十一日凌晨於參院投票贊成布希入侵伊拉克，參院以七十七票贊成、二十三票反對的比數通過授權布希侵伊。布希是在二〇〇三年三月發動伊戰，自從美軍陷入伊戰泥淖之後，全美近七成民調認為伊戰是一項重大錯誤，而五年前投票支持侵伊的希拉蕊在民主黨總統初選中受到選民質疑和批評，但固執的希拉蕊則一直拒絕認錯和道歉。她自辯說，如果她當時知道有關薩達姆的情報全是假的，她就不會投贊成票。

《她的手段》認真追蹤希拉蕊對伊戰的態度，作者發現她是一個見風轉舵的投機份子，自二〇〇一年「九一一」事件至二〇〇五年，希拉蕊始終是個大鷹派，她的論調和布希幾乎完全雷同；直至民調大轉向、反戰聲響徹雲霄時，她才開始批評布希的伊戰政策。然而，最能凸顯希拉蕊「偽君子」的一面是，她在二〇〇二年十月十日和十一日辯論伊戰問題時，曾呼籲布希應儘可能採取外交手段解決紛爭而避免使用武力，但在密西根民主黨參議員雷文提出授權修正案要求布希採用外交方式之際，希拉蕊卻投下反對票。作者指出，希拉蕊可能完全沒有閱讀中情局發給她的九十頁機密文件，而她當時一再強調薩達姆正在製造大規模殺傷性武器，又說薩達姆和賓拉登勾結。日後證明這些說法全屬子虛烏有。《她的手段》作者認為希拉蕊為了要在男性沙文主義大行其道的政壇，顯示她對國安與國防問題「不讓鬚眉」，因此常發表強硬而又好戰的言論。

十五年來，柯林頓夫婦已被傳記作家寫得「體無完膚」，新出的兩本傳記也許會讓讀者多認識一點希拉蕊，但過多的八卦、太少的事實分析，並不能使讀者更進一步了解傳主。希拉蕊的人格特質和行事作風比柯林頓更複雜、更難理解。可以預言的是，有關希拉蕊的傳記將來還會源源而出。

原載於二〇〇七年六月十七日《亞洲週刊》

希拉蕊和歐巴馬外交舌戰

目前有八個人角逐民主黨總統候選人提名，一女七男，有些媒體戲稱他們為：一個白雪公主和七個矮人。白雪公主當然是指最近和七矮人之一的歐巴馬鬥嘴的希拉蕊。在專欄作家孔德蘭（Anna Quindlen）倡議希拉蕊找歐巴馬做她的副總統候選人之後，這對野心勃勃的參議員卻開始公開交鋒、相互詰難，為乏味的選戰平添一點小火花。

ＣＮＮ和 You Tube 在七月二十三日合辦了一場辯論會，有人問歐巴馬當選總統後的第一年是否願意在不預設條件下會晤與美國不友善的領袖，如委內瑞拉總統查維茲（Hugo Chávez Frias）、伊朗總統阿瑪迪尼杰（Mahmoud Ahmadinejad）和北韓頭子金正日？歐巴馬說他願意無條件和這些領導人見面，並稱布希排斥這些領導人的政策已告失敗，他要改變這種做法。希拉蕊在回應同樣問題時說她不會無條件和這些領導人見面，如果無條件同意和他們見面，會被他們用來做宣傳。

不認錯

他們的歧見並未隨著辯論會的結束而停火，交戰火力反而更猛，希拉蕊批評歐巴馬的想法：「不負責任」、「天真」。歐巴馬不甘示弱地反擊說希拉蕊簡直是「輕度的布希和錢尼」（Bush-Cheney lite）。雙方幕僚亦開始發射砲彈，火力支援自己的候選人並猛轟對手，絲毫沒有停戰的味道。

選戰開始以來，希拉蕊在二〇〇二年十月投票贊成授權布希入侵伊拉克而又拒絕認錯的行徑，已變成她在二〇〇八年選戰和未來公職生涯中的永恆「致命傷」（Achilles' heel）。當年投贊成票的愛德華茲、凱瑞和拜登等人皆已公開認錯多次，唯獨希拉蕊堅持不認錯。幾個候選人一有機會就批評希拉蕊缺乏判斷力和認錯的勇氣。歐巴馬那天聽到希拉蕊罵他「不負責任」和「天真」之後回罵說：「以不負責任和天真而言，那就是希拉蕊投票贊成侵略伊拉克。」

日前《紐約時報》大篇幅報導希拉蕊在一九六五年至一九六九年就讀麻州衛斯理學院期間寫給她的高中同學約翰．皮佛伊（John Peavoy）的三十封信。女作家蓋兒．希海（Gail Sheehy）在一九九九年出版的《希拉蕊的抉擇》（*Hillary's Choice*）中，就已大量引用過這些信。最令人矚目的是，希拉蕊在信裡面很坦誠地透露了她在思想上和人生觀上的轉變，從一個保守的「高華德女孩」變成一個反戰份子，從一個共和黨家庭出身的鄉下姑娘變成一個視野擴大的民主黨自由派。

其實，希拉蕊的一生都在不斷地調整、演進和適應，其中包括她和柯林頓的關係。從耶魯法學院畢業後到華府做眾院水門事件調查委員會助理，做阿肯色州州長夫人和美國第一夫人，以及當參議員和總統候選人，希拉蕊一直在成長、變化。在白宮八年，美國人民所看到的是一個企圖心旺盛無比的自由派第一夫人，她自己說她不能只待在家裡烤餅乾，她要學她的偶像羅斯福夫人伊蓮娜，積極參與政治活動與公益事業。

柯林頓在競選總統時公然向選民推銷希拉蕊，宣稱「買一送一」。柯林頓當選後，希拉蕊竟亦當仁不讓地當起「共同總統」，第一個工作就是全權主持全民健保網的推動。但是，她很少和參眾議員交換意見，也不向溫和派和保守派智庫請益，把醫療單位和保險公司當敵人，完全依靠一批自由派和激進派幕僚制定健保藍圖。結果在國會山莊慘遭滑鐵盧，希拉蕊的銳氣受到重挫，認清「華府不是那麼好混」，從此才真正體認到政治的藝術就是妥協和放低身段。

從激進的自由派變成溫和派

在參議員任內，希拉蕊的政治思想和問政態度跟以前當第一夫人時有很大的不同。她自己從激進的自由派變成溫和派，開始向共和黨同僚示好，在一些涉及到意識形態的敏感問題上（如墮胎），做一點微妙的改變。加入民主黨總統候選人提名角逐戰之後，希拉蕊的立場更加明顯，拒絕為投票贊成侵略伊拉克而認錯，就是一個例子。她的幕僚曾就應否認錯進行激辯，結果反對認錯占上風，希拉蕊也只能照這個決定去執行。

希拉蕊本人和反對認錯的幕僚認為公開認錯是一種軟弱的行為，一個女總統不能展露弱者的形象，因此希拉蕊到今天還是拒絕認錯。事實上，政治人物公開認錯乃是一種道德勇氣與政治勇氣的表現；拒絕認錯就會一直犯錯，希拉蕊為了面子而拒絕認錯，只會讓選民對她心存反感，亦會玷污她的政治生涯。

希拉蕊想要緩和（也可說是轉移）媒體和民主黨選民對她拒絕認錯的批評，她提高分貝痛批布希的伊拉克政策，並在兩個月前寫信給五角大廈質問他們有沒有研究如何自伊撤軍。沒想到國防部次長艾德曼（Eric S. Edelman）竟在七月十六日回了一封措辭嚴厲的信給希拉蕊，批評她「幫助敵人」。希拉蕊接到信後又驚又怒，一般政府官員都不會寫這種不客氣的回信，而艾德曼只不過是五角大廈第三位階的次長（有好幾個人）而已，居然膽敢批評參院武裝部隊委員會成員又是民主黨總統候選人角逐者。曾角逐二〇〇四年民主黨總統候選人提名的前北約盟軍統帥克拉克（Wesley Clark）說，艾德曼回那封嚴辭反駁希拉蕊的信，一定和國防部長蓋茨（Robert Gates）以及白宮商量過，並得到批准。

歐巴馬那天在辯論時曾就艾德曼回信一事替希拉蕊辯護，但馬上話鋒一轉說希拉蕊千不該萬不該投票贊成侵伊，那是欠缺判斷力和智慧的表現。希拉蕊最近到處說她曾訪問過八十個國家，亦曾於一九九五年在北京召開的聯合國婦女大會上發表演說，有很多外交經驗，而歐巴馬則是外交生手。但有無外交經驗並不重要，重要的是不要被意識形態牽著鼻子走，也不要被一群無能的庸才所包圍，更不要像布希和新保守派那樣誤國。

選戰太早開打，許多無聊新聞都會出現，連《華盛頓郵報》也報導希拉蕊在參院演說，穿低胸衣服露出乳溝。比較起來，希拉蕊和歐巴馬的舌戰，還是比較有營養的。

原載於二〇〇七年八月一日《中國時報》國際新聞版

希拉蕊和歐巴馬爭搶外交智囊

角逐美國民主黨總統候選人提名的紐約州聯邦參議員希拉蕊與伊利諾州聯邦參議員歐巴馬，目前在民調高居一、二名，但差距越來越大。衝勁十足的歐巴馬毫不氣餒，已開始成立外交智囊班底，諷刺的是，他的外交智囊都是柯林頓時代的舊人，並且很積極地和希拉蕊互搶人才。

由於歐巴馬挖角挖得很厲害，希拉蕊的外交首席顧問理察・郝爾布魯克（Richard C. Holbrooke）已對加入歐巴馬陣營的人馬示警說：「如果希拉蕊入主白宮，你們都休想回來！」做過東亞助理國務卿（卡特時代）、駐德國及聯合國大使的郝爾布魯克，想當國務卿都快想瘋了，民主黨在二〇〇〇年和二〇〇四年大選連連失利，害得郝爾布魯克鬱卒不已。

郝爾布魯克、前國務卿歐布萊特（Madeleine K. Albright）和前國安顧問柏格，現為希拉蕊的外交三大智囊，而以郝氏居首。另一個偶爾會提供意見的「超級智囊」就是柯林頓。希拉蕊另外徵召「外交關係協會」的學者李・范思坦（Lee Feinstein）擔任外交政策協調人。

歐巴馬的最大收穫是挖到了柯林頓時代的首任國安顧問安東尼・雷克（Anthony Lake）。歐布萊特的親信蘇珊・萊斯（Susan E. Rice）以及當年柯林頓鬧緋聞時，屢屢在電視上為他辯論的律師克萊格（Greg Craig）也投奔歐巴馬。歐巴馬競選總部另外成立一個外交諮詢小組，網羅不同領域的專才出任顧問，這批人都是柯林頓時代的老班底，如出過暢銷書的反恐專家理察・克拉克（Richard Clarke），會講流利中國話的白宮國安會議亞洲部主任、助理貿易代表傑夫利・貝德（Jeffrey Bader），中東問題專家並做過中東特使的丹尼斯・羅斯（Dennis Ross）和羅布・梅利（Rob Malley），國安會議南亞問題專家布魯斯・萊德爾（Bruce Riedel）。

歐巴馬亦找了一批柯林頓時代中低層的外交人才，他們都以曾為柯林頓做過事而自傲，但反對「柯林頓朝代」；他們表示已效忠柯林頓，不必再效忠希拉蕊。他們拒絕希拉蕊有四大原因：一是他們欣賞歐巴馬的領袖魅力；二是他們認為歐巴馬代表「新華府」，而不像希拉蕊是「舊華府」；三是他們不喜歡希拉蕊的「外交三頭馬車」：郝爾布魯克、歐布萊特和柏格；四為他們對希拉蕊最反感的是她在二〇〇二年十月投票贊成入侵伊拉克。

針對歐巴馬戮力爭取柯林頓時代班底的舉動，希拉蕊的親信表示「很傷感情」。郝爾布魯克則稱：「七個月以後（民主黨初選結果也許已揭曉），大家都屬於同一團隊，有什麼好爭呢？」而范思坦加入希拉蕊陣營的目的，即是要阻擋外交人才流入歐巴馬總部。儘管歐巴馬和支持者說他象徵「新華府」，但可以預見的是，一旦歐巴馬當選總統，他所重用的外交人才仍將以「舊華府」的識途老馬居多。

民主黨與共和黨各有各的外交班底，但美國外交界卻很少出現新人才，偶爾從學界挖一些人才，如柯林頓時代從密西根大學挖了李侃如，以及從普林斯頓大學跳槽至國務院的柯慶生。外交人才出現斷層，一直困擾著華府政壇，柯林頓於一九九三年上台時找不到理想的東亞事務專才，只好重用季辛吉一手提拔的共和黨人溫斯頓・羅德。

外交人才需要長時間的培養，除了要通過嚴格的外交人員考試和在職訓練，還要有良好的學識、能力與工作熱忱。然而，美國大學的一流人才都跑去法學院、醫學院或是去讀ＭＢＡ，因此外交界常吸收不到一流人才，而高層職位又常被一批無能的「政治任命」所霸佔。一個外交專業人才要想從低層升至大使，有如蜀道之難行。

民主黨如在二〇〇九年一月二十日重掌政權，國務院和白宮國安會議必然又是一批老面孔。現在希拉蕊和歐巴馬互搶人才，除了預先儲備外交幹部，也是意氣之爭。

原載於二〇〇七年九月十九日《中國時報》國際新聞版

希拉蕊在寒天中背水一戰

希拉蕊在新罕布夏州初選的選情非常不妙。氣象預測八日投票當天，新州會出現暖冬，但希拉蕊本人和她的競選幕僚卻在冰天雪地中掙扎，有些媒體甚至用「驚慌失措」（panic）這個字來形容希拉蕊的狀況。

希拉蕊目前面臨的最大問題是不知道如何對付歐巴馬。她過去以人身攻擊方式批判歐巴馬，說他年輕時吸毒（並暗示也許販毒）、上幼稚園時就想當總統，此舉不但未奏效，反倒引起反彈，迫使希拉蕊新州競選委員會共同主席下台。希拉蕊抬出「經驗論」以反擊歐巴馬的「改革論」，不僅未獲選民認同，希拉蕊自己與共和黨的候選人也都紛紛改口呼籲「改革」。希拉蕊表示競選政見不能靠空談，要看實績實效，歐巴馬馬上以甘迺迪為例，強調動人的言語能夠鼓舞民眾士氣。

希拉蕊的丈夫比爾·柯林頓也成為選戰中的一個包袱。前總統柯林頓自認是個選舉專家，也以為選民仍在懷念他的成就，希拉蕊總部創造了「想念比爾，票選小希」（Miss Bill, Vote Hill）的口號，並做成徽章（希拉蕊的簡稱是 Hill，美國小報標題常用此字稱呼希拉蕊）。

柯林頓積極參與

柯林頓本來不太參與希拉蕊總部決策小組的運作，他看到愛荷華州選情逐漸下沉時，就開始干預了。出點子、發脾氣、罵東罵西，害得所有幕僚不敢吭聲，競選總部變成「一言堂」，所有決策比爾說了算。但柯林頓常幫倒忙，他離開政壇畢竟已有一段時間，寶刀生銹了，甚至鬧笑話，說什麼他一開始就反對布希侵略伊拉克，因而遭全美媒體訕笑。

最淒涼的是，柯林頓在新罕布夏拚命幫妻子競選，每天從早到晚連趕好幾場演講，卻出現場場觀眾寥落稀疏的場面，人少掌聲也少。柯林頓在一九九二年新州初選屈居第二（第一名是麻薩諸塞州聯邦參議員宗格斯），但他成為「反敗為勝的小子」（comeback kid），他說新州對他有恩有情，希望把這份恩情轉送給希拉蕊。

此一時也，彼一時也。愛荷華失利之後，選舉景觀大變，新州選民大受衝擊，希拉蕊已從領先者（front runner）淪為居劣勢者（underdog），而且情況似乎越來越糟。女強人如希拉蕊者感受最深，七日在談話時難過得一度哽咽而說不出話來。

對希拉蕊本人和她的幕僚來說，目前最迫切的是兩個問題。第一是新州少輸就是贏，盡全力把負分縮至個位數；第二個是積極部署後幾場戰役（內華達、南卡羅萊納、密西根和佛羅里達州），並向幾個大金主求援，維持充裕戰費，以備在二月五日「超級星期二」

二十二個州同時舉行初選那天一決勝負。

歐巴馬的躍升已成為美國政治地平線上的一大奇觀。白人佔百分之九十五人口的愛荷華州竟然會推舉一個黑人總統候選人，不能不說時代確實進步了。白人能夠接受他、擁護他，也許和歐巴馬不是全黑（半黑半白），並且就讀一流大學（哥倫比亞大學、哈佛大學法學院）有關。

柯林頓厭倦症

而希拉蕊越來越不受歡迎的原因，一是受「柯林頓厭倦症」影響，大家不想再看到另一個柯林頓入主白宮；二是希拉蕊的負面形象太深了，愛荷華一名女性選民所說的話最足以說明為什麼歐巴馬所獲得的婦女票多於希拉蕊：「我當然希望女性當總統，但不是希拉蕊。」

最令人玩味的是，歐巴馬在愛荷華勝選後，《紐約時報》的一群自由派專欄作家如陶曼玲（Maureen Dowd）、法蘭克．瑞奇（Frank Rich）和鮑布．赫伯特（Bob Herbert）簡直是欣喜若狂。同屬黑人的赫伯特說：「美國從未見過像『歐巴馬奇觀』這種現象。」瑞奇更稱：「一個時代（指柯林頓時代）已經逝去了。」自由派評論家齊聲歡呼歐巴馬時代的來臨，並力言美國已邁入可以讓黑人當總統的時代了。

許多自由派很不喜歡希拉蕊，他們認為她立場搖擺，既想討好右派，又不願得罪左派。而希拉蕊投票支持布希侵略伊拉克，則標誌了自由派與希拉蕊永難彌縫的一道鴻溝。

二〇〇七年春夏之交，希拉蕊總部的一名高層幕僚曾建議她放棄愛荷華黨團會議而全力拚搏新罕布夏初選，因查訪結果顯示，愛州民主黨選民對希拉蕊頗有意見，難以勝選。好勝心強的希拉蕊拒採軍師意見，決定參選，結果痛失江山，而使歐巴馬揚威中西部。決策上的大失誤極可能造成兵敗如山倒的連鎖反應，天何言哉！

原載於二〇〇八年一月九日《中國時報》國際新聞版

柯林頓又惹禍?民主黨初選變「內戰」

一九六一年一月二十日近午時分,四十三歲的約翰.甘迺迪在總統就職典禮上昭告天下:「火炬已傳給新一代的美國人」。四十七年後,這把火炬又傳給了新一代的美國人。按照甘迺迪的女兒卡洛琳和甘迺迪的弟弟愛德華的說法,火炬已交到歐巴馬手中。他們認為歐巴馬是甘迺迪總統之後,唯一能夠帶領新一代的美國人創建另一個「新境界」的政治領袖。

甘家大家長和卡洛琳熱烈支持歐巴馬並在華府為他站台的新聞,不僅震駭希拉蕊競選團隊,亦撼動了整個民主黨!

民主黨和媒體原預期希拉蕊和歐巴馬會在激烈競爭下,打一場高格調的選戰，讓選民看看一個女人和一個黑人如何各顯身手。萬萬沒想到的是，希拉蕊和歐巴馬之爭卻變成民主黨的「內戰」；姊弟鬩牆，相互砍殺，毫不手軟，媒體每天大肆渲染，蔚為二〇〇八年大選的一大奇觀。已故美國名記者白修德（Teddy White）嘗言，世界上有兩樁最刺激、最令人亢奮的事情，一個是戰爭，另一個就是美國大選。證諸希拉蕊和歐巴馬的翻臉掀桌，白修德不愧是第一流的政治觀察家。

「頭號攻擊犬」

許多人把民主黨初選變質以及愛德華和卡洛琳力挺歐巴馬，都怪罪柯林頓助選助壞了，都說他有意挑撥種族情結、惡意批評歐巴馬，並經常當眾發飆怒罵記者。希拉蕊的競選策略本來是讓柯林頓扮演比較低調的角色，以免他的風頭壓過希拉蕊。但希拉蕊在愛荷華出師不利屈居第三之後，希拉蕊在情勢險峻之下只得聽任丈夫披

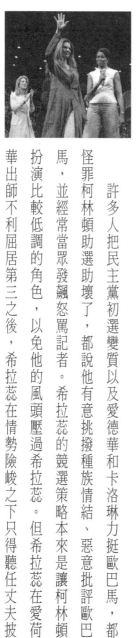

堅執銳，站在第一線單打獨鬥，而成為希拉蕊陣營中的頭號打手，美國媒體稱他是「頭號攻擊犬」（top attack dog）。

柯林頓指摘媒體對希拉蕊太苛、對歐巴馬太寬，這句話並非完全是氣話，而是有事實根據的；但媒體（包括自由派）早就在希拉蕊當第一夫人時就對她不太客氣，而不是在此次初選時才酷評她。《紐約時報》社論雖挺希拉蕊，但該報三個自由派專欄作家都反她，文字尖酸刻薄的陶曼玲當年即以連續幾個月謾罵柯林頓夫婦而獲得普立茲獎。

柯林頓當打手，為希拉蕊帶來了極大的傷害，而這個傷害早就可以預見。問題在於希拉蕊總部沒有人可以拴住柯林頓，除了希拉蕊，亦沒有人膽敢叫他「閉嘴」。歐巴馬說他有時候搞不清楚到底是跟誰競選，是柯林頓呢？還是希拉蕊？

這一陣報紙標題常出現「比拉蕊」（Billary）這個字眼，以形容柯林頓夫妻檔一起競選總統。已經有評論家指出，希拉蕊碰到愛荷華失利的危機，就讓柯林頓出面衝鋒陷陣，以後希拉蕊當上總統出現政治危機或外交危機時，是否也要拜託丈夫出來幫她收拾？日後果真發生這種情況，那美國豈不是有兩個總統？已經有人冷言冷語地說，如果希拉蕊當選總統，就是柯林頓當第三任總統的開始。

愛德華力挺歐巴馬

愛德華．甘迺迪是民主黨大老，也是自由派重鎮，他支持歐巴馬，將會導致自由派出現西瓜效應。柯林頓夫婦二〇〇七年即開始大力遊說愛德華出面支持希拉蕊，但他堅持保持中立，原因之一是歐巴馬於二〇〇五年一月進入參議院後即處心積慮奉愛德華為師，事事請教他，連打算選總統這件事亦跑去問他的意見。愛德華鼓勵他出馬，並說機會難得，應去試試。

卡洛琳先在《紐約時報》論壇版撰文支持歐巴馬，愛德華則說他看到柯林頓一再出言不遜後，曾打電話給柯林頓勸他冷靜一點，兩個人在電話中吵起來，不歡而散。

愛德華力挺歐巴馬的理由，只說了一半，另一半不能開口的理由，也許是他不願看到柯林頓夫婦在白宮輪流做莊而形成「柯林頓朝代」。甘家因連番悲劇，以及愛德華本身的無能而未能建立朝代；此外，自由派一向不太喜歡南方民主黨人，愛德華便曾在一九八〇年挑戰卡特競選連任。愛德華在初選即站出來挺歐巴馬，除了給希拉蕊難堪之外，在民主黨黨內亦屬罕見。現在希拉蕊最擔心的是高爾也跑出來支持歐巴馬，那就真是雪上加霜了。

民主黨打內戰，甘家亦鬧分裂，前司法部長羅伯特．甘迺迪的三個子女公開挺希拉蕊。柯林頓夫婦皆非省油的燈，他們久經戰陣、屢遭橫逆，但亦以反敗為勝而出名！

原載於二〇〇八年一月三十日《中國時報》國際新聞版

勸退希拉蕊呼聲此起彼落

希拉蕊的日子越來越難過了。她的一位高級幕僚私下告之很多人瀏覽的 Politico.com，希拉蕊獲民主黨提名的機率不會超過百分之十。曾在柯林頓政府當過聯合國大使和能源部長的新墨西哥州長比爾．李察生，退出民主黨提名戰後，日前不僅公開挺歐巴馬，甚至勸希拉蕊退選，氣得柯林頓和希拉蕊的一位策士痛罵李察生就像「出賣耶穌的猶大（Judas）」。

不僅此也，參院司法委員會主席、佛蒙特州參議員派屈克．雷希亦跟著勸退希拉蕊，請她支持歐巴馬。他說希拉蕊對歐巴馬的批評，只會使共和黨的麥肯得利。立場偏向民主黨的《紐約時報》專欄作家紀思道（Nicholas D. Kristof），亦力勸希拉蕊退選，否則她將會變成二〇〇八年的勞夫・納達（Ralph Nader）。納達就是二〇〇〇年出來攪局而使高爾落選的第三黨候選人。

民主黨初選及黨團會議尚有十個州和屬地未舉行，最令人矚目的只有賓州、印地安那州和北卡州。但希拉蕊必須在這十個州和屬地獲得百分之五十六的選票才有希望。目前希拉蕊所得的全民票數仍落後歐巴馬七十萬票，看情形已很難趕上。如果歐、希二人在八月底於丹佛市舉行的民主黨全國代表大會中，都未能獲得二〇二五張代表人票（即獲得提名的門檻），則他們的命運勢將被七九四張超級代表人票所決定。所謂「超級代表」即民主黨大老（包括柯林頓、高爾）、民選官員、參眾議員和高級黨工。

歐、希二人最近卯足全力爭取超級代表，希拉蕊本來領先很多，但最近僅比歐巴馬多六十票。日前眾院議長南西・斐洛西建議超級代表應把票投給在初選中獲勝的一方，希拉蕊聞之大怒。田納西州長布雷德生（Phil Bredesen）則主張超級代表在六月開會投票，看誰得票多，以期早日廓清局面。民主黨重量級人士最關切的是歐、希初選已變質為兩人惡鬥，淪為意氣用事，大傷民主黨元氣，而使麥肯笑在心裡。蓋洛普民調顯示，歐、希雙方的支持者都已出現「對方如獲提名，我就投麥肯而不選你」的賭爛心態。也有人說，希拉蕊寧可毀掉歐巴馬，不讓他當選，而她自己可以在二〇一二年再度出山。

到處為妻子助選的柯林頓指責逼退希拉蕊的呼聲是「胡說八道」（a bunch of bull），並勸他們「冷靜一點」（chill out）。希拉蕊則態度堅定，絕不退出，並指控勸她退選的人是存心「欺負她」（bully her）。

希拉蕊進軍白宮的選戰竟然會淪落到這步田地，實在令人意想不到，亦跌破了所有時評家的眼鏡。去年夏天，希拉蕊花數百萬重金請來的首席策略家馬克・潘恩（Mark Penn），親自撰寫了三五〇頁的〈選戰布局方案〉，分析每個州的態勢。報告指出，希拉蕊的勝利是「不可避免的」（inevitable）；並大膽地預測，到了二〇〇八年二月五日「超級星期二」那天晚上，大勢底定，初選告一段落，希拉蕊將穩獲提名。

現在，大家都知道這份方案變成大笑話兼天方夜譚。潘恩原從事民調工作（pollster），一九九四年民主黨在期中選舉慘敗後，希拉蕊聘他到白宮當策士。在他執筆的布局方案中，他犯了三點錯誤：忽略小州、不重視黨團會議、把初選當成十一月選舉來打。但對希拉蕊而言，最傷腦筋的是潘恩和其他高層幕僚內鬥不已，幾無寧日。最後只好請拉丁裔總幹事蓓蒂．索利斯．杜耶兒（Patti Solis Doyle）走路，而召回希拉蕊的老跟班女黑人瑪姬．威廉斯（Maggie Williams）執掌兵符。

不過，希拉蕊選前的躊躇志滿、潘恩的無能和內鬥，還算小事，最致命的是她遇到了歐巴馬。說來活該，希拉蕊競選團隊幾乎有一整年時間（二〇〇六秋至二〇〇七年秋）沒把歐巴馬放在眼裡。一連串警訊，希拉蕊團隊皆視若無睹，諸如主流媒體大捧歐巴馬，二〇〇六年十月二十三日出版的《時代週刊》以歐氏為封面人物，標題是：〈為什麼歐巴馬可能是下屆總統〉；歐氏在二〇〇七年上半年即募得創紀錄的五千八百萬美元，網路小額捐款（二百元以下）多如雪片；大學生成群結隊當歐巴馬的義工；不少獨立派（游離選票）及溫和派共和黨（如艾森豪總統孫女）都表態支持歐巴馬。

希拉蕊團隊一直沒有清醒，一直高估自己、錯估選民、低估歐巴馬。直到今年一月三日歐巴馬在愛荷華黨團會議大獲全勝，希拉蕊團隊始大夢初醒，醒來才發現山河已經變色！

原載於二〇〇八年四月二日《中國時報》國際新聞版

IV

歐巴馬與選戰風雲

美國群雄並起，競逐總統寶座

二〇〇八美國總統大選開鑼，共和黨陣營中亞歷桑那州參議員麥肯和前紐約市長朱利安尼搶先出馬，民主黨有人提議大熱的希拉蕊和黑人參議員歐巴馬組成「夢幻團隊」參選。期中選舉硝煙未散，總統競選的馬拉松已經起跑。

美國國會期中選舉甫落幕，〇八年總統大選的砲聲已然響起。曾在河內坐過五年戰俘牢的亞歷桑那州參議員約翰．麥肯（John McCain）首先公開宣布將角逐白宮寶座，而成為第一個投入戰場的共和黨候選人。第二個共和黨員公開宣布出馬的是應付九一一事件有功而名滿全球的前紐約市長魯道夫．朱利安尼（Rudolph Giuliani）。這兩位重量級政治人物的參選，正式揭開了二〇〇八年大選的帷幕。

有意問鼎江山但尚未公開宣布參選的政壇中人為數不少，民主黨方面包括前第一夫人希拉蕊（現為紐約州參議員）、伊利諾州黑人參議員巴拉克．歐巴馬以及二〇〇四年大選受挫的凱瑞和愛德華茲（John Edwards）、印第安那州參議員伊凡．拜耶（Evan Bayh）、德拉瓦州參議員佐．拜登（Joe Biden，此人將於二〇〇七年一月出任參院外交委員會主席），還有新墨西哥州長比爾．理查森（Bill Richardson）和已經公開宣布參選的愛荷華州長維爾薩克（Tom Vilsack）。

共和黨除了麥肯和朱利安尼，有可能參選的還有將下台的麻薩諸塞州長羅姆尼（Mitt Romney）、將下台的紐約州長帕塔基（George Pataki）、前參院共和黨領袖福瑞斯特（Bill Frist）、內布拉斯加州參議員黑格（Chuck Hagel）、堪薩斯州參議員布朗貝克（Sam Brownback）、將於二〇〇七年一月下台的眾院武裝部隊委員會主席鄧肯．亨特（Duncan Hunter）和前眾院議長金瑞契（Newt Gingrich）等人。

民主黨群英中最受矚目的首推希拉蕊，她雖仍未公開宣布角逐總統，但媒體和政界皆預測她百分之九十九會出馬，目前不便宣布的原因是她剛連任參議員，如在此時放出競選風聲，勢必會引起紐約選民反感。但她早已蓄勢待發，組成了四十二人幕僚小組（其中十人是她參院辦公室助理）和十三人顧問團。當然，她最重要的顧問、軍師兼參謀就是她的丈夫柯林頓。

所有民調皆顯示希拉蕊和麥肯的聲望在兩黨中領先群雄，而麥肯的全國性聲望又高於希拉蕊。希拉蕊已成為民主黨進軍〇八年最耀眼的人選，她的本錢是知名度高、有豐沛的人脈、有第一流的幕僚、選戰經費充裕、辯才無礙、活動能力強、過去六年廣結善緣交好大批共和黨與民主黨內的保守派。對希拉蕊不利的是，肯定其成就的人雖多，否定她的人亦不少。許多人認為她是投機份子，沒有原則而只有野心。更迫切的問題是，美國選民是否具有讓女人當選總統來「母儀天下」的思想準備？選民願意再讓第二個姓柯林頓的人在這麼短的時間跨度內入主白宮嗎？

希拉蕊蓄勢待發

二〇〇六年五十九歲的希拉蕊對參選總統一事守口如瓶，但所有認識她的人都斷言她會在二〇〇七年適當時間宣布出馬。一些愛護她的民主黨人（包括她的一些好友）並不希望她競選總統，而期盼她日後爭取參院民主黨領袖的位子。他們不願看到希拉蕊為競選總統而再讓全國媒體檢驗她的公私生活以及她和柯林頓的婚姻關係。在八卦新聞掛帥的今天，《紐約時報》不久前甚至在頭版刊出柯林頓夫婦「一個月見面沒幾次」的長篇報導。

六年前，希拉蕊成為美國歷史上首位第一夫人出任聯邦參議員。在紐約州競選時，她備受共和黨和民主黨內保守派的杯葛，他們把她當成「外來的投機政客」（Carpetbagger，此字源於內戰後形容手拎毯製手提包到南方發國難財的北方投機份子），而紐約州選民素以保守著稱，希拉蕊跑遍六十三個郡，選得極為辛苦。當選後，希拉蕊在參院刻意放下身段，不出風頭，不搶特權，凡事尊重資深議員，並向共和黨保守派（其中包括當年力主彈劾柯林頓的南方議員）示好，合作提出議案。為增進她的國防知識，她特地加入參院武裝部隊委員會，最近在諮詢時曾和當時的國防部長拉姆斯菲爾德尖銳交鋒。

六年下來，希拉蕊在參院的表現有目共睹，頗受好評，但民主黨自由派和左翼人士批評她太過討好保守派，如提案認為焚燒國旗者犯法、力勸年輕婦女盡量少墮胎等。希拉蕊最受抨擊的是她在三年前投票支持布希侵略伊拉克。她最近雖一再批評布希伊戰政策，但拒絕為投票支持侵伊道歉，亦未對她的主戰行動提出令人信服的合理解釋。媒體常形容她是一個最易引發選民兩極對立的政治人物（a polarizing figure）。共和黨則認為希拉蕊能夠獲得民主黨提名，但不會當選總統。

民主黨內有意問鼎中原的人雖不少，除希拉蕊之外，目前當以黑人參議員歐巴馬聲望最高，十月二十三日美國版《時代週刊》甚至以他為封面人物，標題是：〈為什麼歐巴馬可能是下屆總統〉。二〇〇六年四十五歲的歐巴馬，可稱美國政壇的明日之星。歐巴馬的父親是肯亞黑人，最近歐巴馬訪問肯亞受到盛大歡迎，人們把他當成「肯亞之子」衣錦榮歸。

明日之星歐巴馬

歐巴馬的父親在夏威夷大學留學時和來自堪薩斯州的白人女子結婚，歐巴馬兩歲時，父親離家出走，從此杳無音訊。小歐巴馬由外祖父母帶大，小時候曾和母親及繼父在印尼住過四年。他母親在貧困中靠政府發派的食物券度日，自己仍在攻讀博士學位，省吃儉用下讓兒子讀最好的學校。

歐巴馬未讓母親失望，先後就讀哥倫比亞大學、哈佛大學法學院，並曾出任「哈佛法學評論社」社長。歐巴馬在芝加哥大學法學院教了幾年書後，獲選為伊利諾州州參議員，表現優異，二〇〇四年獲選為聯邦參議員，並在民主黨全國代表大會（即總統提名大會）上發表主題演說，轟動全美。歐巴馬已出版兩本書，最近一本《無畏的希望》（*The Audacity of Hope*）已高居暢銷書排行榜數週之久。歐巴馬坦承他曾吸過大麻，也用過古柯鹼，目前仍吸煙。對他最不利的是政治資歷淺，欠缺外交、國安及行政經驗。

民主黨內有人建議，組成希拉蕊—歐巴馬「夢幻團隊」向白宮進軍，由女人當總統、黑人當副總統，這個一廂情願的「政治夢幻」會在二〇〇八年實現嗎？

共和黨內，越戰時代擔任海軍飛行員的麥肯，出身軍人世家，父親做過太平洋美軍總司令。麥肯一直被視為共和黨內「離經叛道的人」，二〇〇〇年出馬角逐總統提名，在新罕布夏州共和黨初選時一舉擊敗布希，但因後繼無力，再加上布希競選團隊使用卑劣手段抹黑他（說他和黑人女性產下私生子）和他的妻子（稱她吸毒），而使麥肯在重要的南方數州慘敗。布希入主白宮後，麥肯和他的關係當然不好，近兩年來雙方慢慢有互動。麥肯支持侵伊，並主張應該向伊增兵美軍才可打勝，但絕大部分選民和國會議員以及軍方都不同意他的看法。

麥肯離經叛道

麥肯算是共和黨內的溫和派，不過為了兩年後的大選，他已逐漸向保守派及極右的基督教福音派拉關係，以擴大地盤。繼麥肯後宣布出馬的前紐約市長朱利安尼，全靠九一一事件出名，他是共和黨內的自由派，支持墮胎權利、贊成同性結婚、禁止擁槍權。他的自由派政見雖受紐約市民歡迎，但全美廣大的共和黨保守派選民肯定不會同意他「帶有紐約佬味道」的立場。

兩黨有志之士已擠滿競選跑道，焦點仍集中在民主黨的希拉蕊、歐巴馬及共和黨的麥肯、朱利安尼等人身上。目前仍無跡象顯示民主黨前副總統高爾將出馬，萬一他重披征袍，必將與希拉蕊有一番激烈廝殺。民主黨已奪回國會參眾兩院多數黨席位，布希已做了兩

愛荷華揭開美國大選年序幕

四年一度的美國政治大拜拜終於開鑼了，盛產玉米的愛荷華州首揭序幕。二〇〇八年愛荷華還把往年在元月中旬舉行的黨團會議（caucus）提前至元月三日投票。

除了前紐約市長朱利安尼聲明放棄愛荷華州與新罕布夏州之外，其他兩黨候選人都在冰天雪地的愛荷華州使出渾身解數，挨家挨戶地拉票，使這個平時甚少人聞問的農業州，頓時成為全美最熱鬧、最受人矚目的政治州。

美國總統初選制度有兩種，一種是絕大多數州所採用的初選制（primary），如元月八日上場的新罕布夏初選，另一種即是愛荷華式的黨團會議（阿拉斯加、夏威夷亦採此制）。所謂黨團會議，在中譯上未免太過刻板和嚴肅，其實應譯為「鄰居聚會」，它有點像台灣的里民大會。各區選民在教堂、圖書館、學校甚至在一些私人住宅中聚會，先喝咖啡、吃甜點，再討論選什麼人。

共和黨的黨團會議規則比較簡單，只要在任何一個聚會中哪一個候選人得票最多，他就勝選。民主黨黨團會議則比較複雜，還要看候選人的得票百分比，選民所支持的候選人如得票未超過百分之十五，選民就必須放棄這個候選人而改投別的候選人或棄權。

過去愛荷華的黨團會議一直未受到兩黨的重視，直至一九七二年。角逐民主黨總統候選人提名的自由派參議員麥高文（George S. McGovern），原本默默無聞，在愛州僅以些微票數輸給當時被看好的溫和派參議員穆斯基（Edmund Muskie）名列第二，震撼了民主黨，亦使麥高文聲勢大振，最後在邁阿密民主黨提名大會上斬將搴旗。從此，愛荷華黨團會議始受到選將的重視。

一九七六年，名不見經傳的前喬治亞州州長卡特（James E.

Carter，又稱Jimmy Carter）在愛州賣力競選，獲得實際上的第一。原本第一名從缺，大多數民主黨選民在黨團會議上投下「仍未表態」（uncommitted）的票。然而，對「花生農夫」卡特來說，愛州提供他旗開得勝的平台，使全美民主黨選民開始認識這個老是露齒微笑的南方佬，更使他從「誰是吉米？」（Jimmy Who?）變成全國性知名人物。

不過，即使愛州黨團會議中獲勝，亦非保證穩奪江山。老布希一九八〇年於愛州擊敗雷根，但雷根終獲最後勝利，老布希成了他的副手。最戲劇性的是二〇〇四年民主黨愛州黨團會議，民調和媒體一致看好醫師出身的霍華德．狄恩（Howard Dean）和眾議員蓋哈特（Richard Gephardt），沒想到凱瑞（John Kerry）參議員進行最後衝刺獲得第一，聲勢浩大的霍華德屈居第三，粉碎了他的總統夢。

愛荷華人口不滿三百萬，參加兩黨黨團會議的選民估計有二十萬，僅佔全州人口百分之七。由於今年各州紛紛把初選日期提前，具有導向作用的愛州黨團會議，也就變得格外重要，至少就候選人士氣、未來選情和民調而言，愛州更是兵家必爭之地。今年兩黨競爭激烈，所有民調都不敢預測誰勝誰負，只能說共和黨方面哈克比和羅姆尼平分秋色，民主黨則以希拉蕊、歐巴馬和愛德華茲三頭馬車並駕齊驅，但有更多的選民表示「仍未表態」。

美國的選舉政治從開國時代即盛行人身攻擊和亂摔泥巴的誹謗中傷（mudslinging），第二任總統約翰·亞當斯和第三任總統傑佛遜之間的對罵互辱，已成美國政治史上「有礙觀瞻」的一頁。此番愛州選戰，各候選人之間更是大聲叫陣，哈克比與羅姆尼打成一團，民主黨三健將經過連串相互中傷之後，突然在最後一週保持君子（淑女）風度，因愛州選民九成為農民或從事與農業有關的鄉下人，不喜歡看到候選人互說壞話。

希拉蕊把八十八歲的老媽媽請來助選，買了幾千把圓鍬送給選民代表剷雪，黨團會議當天也為選民準備數萬個小甜餅和無數咖啡。歐巴馬不甘示弱，有小孩的年輕夫妻參加黨團會議，他們提供看顧小孩服務（baby sitting）。民調本來一致認為希、歐並排第一，但最新民調顯示愛德華茲似有後來居上之勢。

二〇〇八年美國大選帷幕已然拉開，愛荷華州選舉花落誰家，全美都投以好奇、焦急的目光。

原載於二〇〇八年一月二日《中國時報》國際新聞版

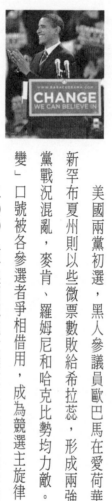

美國大選開鑼，改變呼聲成主流

美國兩黨初選，黑人參議員歐巴馬在愛荷華州旗開得勝，但在新罕布夏州則以些微票數敗給希拉蕊，形成兩強相爭局面；而共和黨戰況混亂，麥肯、羅姆尼和哈克比勢均力敵。歐巴馬提出的「求變」口號被各參選者爭相借用，成為競選主旋律。

二〇〇八年美國總統大選在冰天雪地的中西部愛荷華州首先打響。四十六歲的伊利諾州黑白混血聯邦參議員歐巴馬重挫民主黨黨內對手，成了愛州有史以來第一個在黨團會議中獲勝的黑人。愛州全州人口約二百九十餘萬，白人佔百分之九十五，黑人不到百分之三。一直被看好的前第一夫人、紐約州聯邦參議員希拉蕊，遭到從政以來首次大挫敗，不僅屈居第三，且和歐巴馬有一段差距。歐巴馬獲得百分之三十八選票，前北卡羅萊納州聯邦參議員、二〇〇四年副總統候選人愛德華茲獲得百分之三十，希拉蕊獲得百分之二十九。

但隨後在競爭激烈的新罕布夏州一月八日的民主黨初選中，希拉蕊險勝對手歐巴馬和愛德華茲，挽回了在愛州失利的頹勢，但僅以百分之三十九對百分之三十六，只贏六千多票。選前所有民調都預測歐巴馬會輕易勝出，希拉蕊亦在戰況低迷下公開哽咽，熱淚盈睫。然而，她的柔弱和激動卻為她博得同情並帶來選票。

共和黨方面，亞歷桑那州參議員麥肯（John McCain）則在初選中拔得頭籌，摩門教徒、前麻薩諸塞州州長米德・羅姆尼（Mitt Romney）屈居第二，在愛州獲勝的前阿肯色州州長邁克・哈克比（Mike Huckabee）排名第三。

民主黨初選將是希拉蕊和歐巴馬之爭；而共和黨則呈現選情混亂之局，仍未出現明顯的領先者。數月前仍是無名小卒的哈克比，在愛荷華州的黨內初選中打敗了羅姆尼，得票比數約百分之三十四對百分之二十五。哈克比當過牧師，口才便給而幽默，且常「語不驚人死不休」。他的民粹政治理念和主張雖受保守派選民歡迎，但共和黨內部包括一批右翼評論家都對他有意見。哈克比在愛州花了三十萬經費，而羅姆尼不僅在愛州辛勤拜票兩年，更花了七百萬經費，但在最後衝刺時刻卻敗下陣來。哈克比勝選的主因是愛州基督教福音派起了重大作用，而羅姆尼慘遭滑鐵盧的原因之一是，愛州共和黨選民不願看到一個摩門教徒入主白宮。

黨內初選提早開戰

美國總統初選，絕大部分的州採用單純的初選制（primary），只有愛荷華、內華達和夏威夷等州舉行黨團會議（caucus）決定總統候選人人選。愛州和新罕布夏州是每屆最早舉行選戰的州，過去都在三月份上演，二〇〇八年各州都紛紛搶先舉行，因此愛州和新州被迫在一月初提前開鑼。

黨團會議其實等於街坊鄰居聚會，愛州全州分成一千七百多個選區，一月三日晚七時，各選區選民按通知前往教堂、學校、公共圖書館和住宅報到，支持同一個候選人的選民坐在一起開會。共和黨的黨團會議程序比較簡單，誰獲最高票誰就出線，民主黨則較為複雜。任何一個候選人必須獲得該區百分之十五以上的選票才能出線，未超過百分之十五則被淘汰。原支持被淘汰的候選人的選民，即有第二次投票機會，但他必須改投已出線的候選人。

二〇〇七年春夏之交，希拉蕊的幕僚曾親自到盛產玉米、牛肉和豬肉的愛荷華作深入調查。他們發現愛州民主黨選民並不太欣賞希拉蕊，亦即希拉蕊勝選的機率不大。希拉蕊競選委員會副總幹事建議希拉蕊放棄愛州黨團會議，而把首役擺在新罕布夏，因過去有不少例子顯示，一些當選總統的人並未參加愛州黨團會議，或在愛州黨團會議中敗北。但好勝心強的希拉蕊決定投入愛州選舉，沒想到卻以極大的差距敗下陣來。

希拉蕊一直被視為民主黨的領先者（front runner），甚至把入主白宮視為「不可避免的事務」（inevitability）。在選戰過程中，她也以領先者的姿態拉票。然而，她的選情和選運二〇〇七年十月三十日開始逆轉，而且是急速地向下盤旋。那天晚上，民主黨候選人聚集費城舉行辯論，一向能言善辯的希拉蕊卻表現不佳，立場搖擺，言辭閃爍，被主持人問到是否同意紐約州民主黨州長史必哲（Eliot Spitzer）所提議的准許非法移民申報駕駛執照時，希拉蕊答得模稜兩可，未說是亦未說否，主持人提姆．羅索特（Tim Russert）是個厲害的角色，在國家電視台（NBC）主持每週日的〈會晤新聞界〉（Meet the Press）新聞節目。羅索特追問希拉蕊：「妳當初聽到紐約州長史必哲提議發駕照給非法移民時，曾說那是一個好主意（a good idea），對不對？」希拉蕊經此追問，更是驚慌，答非所問，並受到其他候選人的圍剿。從此，希拉蕊的選情和民調步步下跌。

但在投票前數日，幾乎所有的民調都仍預測希拉蕊會勝選，唯獨愛州最大的報紙《狄摩因紀事報》（*Des Moines Register*）預測歐巴馬會贏，而且可能會贏很多。當時許多專家對該報的預測頗不以為然，事實證明該報民調奇準，儘管該報社論支持希拉蕊。狄摩因是愛州首府，人口不到二十萬。

未到最後未知誰勝

歐巴馬在愛州提出「求變」（change）的口號，當作選舉訴求，希拉蕊則以「經驗」（experience）作號召，結果選民選擇了「求變」。選戰揭曉那天，不僅希拉蕊在演說中一直強調「求變」，甚至連共和黨的哈克比亦呼籲「求變」。歐巴馬在愛州花了九百萬美元，希拉蕊花了七百萬，愛德華茲花了三百多萬。歐巴馬打了一場很漂亮的組織戰，在各大城市（特別是大學校園）動員了成千上萬的大學生為他助選。愛州選舉法規定，在愛州求學的外州學生如放棄故鄉的投票權，即可以在該州投票。歐巴馬不但獲得大多數年輕人的支持，得到的婦女票亦超過了希拉蕊。希拉蕊的支持者以中老年婦女居多。

希拉蕊和羅姆尼在愛州受挫，對他們未來的選情不利。原本民調顯示歐巴馬和愛德華茲在新罕布夏州的聲勢超過希拉蕊，新州被認為是希拉蕊的「票倉」，愛州受挫後，希拉蕊在新州扳回一局，得以重拾信心，可見好戲還在後頭。而共和黨方面，哈克比雖在愛州旗開得勝，但亞歷桑那州聯邦參議員麥肯和羅姆尼在新州的聲望仍凌駕哈克比之上。

在愛州和新州獲勝的候選人，並不是一定即可順利入主白宮。一九八〇年老布希在愛州獲勝，結果雷根得天下；一九八八年民主黨議員蓋哈特（Richard Gephardt）勝選愛州，結果由杜卡基斯（Michael Dukakis）代表民主黨參選總統。一九九二年，柯林頓在新罕布夏屈居第二，後來卻成了「反敗為勝的小子」（comeback kid）而打進白宮。

然而，從氣勢、選情前景和民心向背的角度來看，誰能在頭幾場選戰中斬將搴旗，誰就能比較順利地邁向康莊大道，希拉蕊和羅姆尼必須「戒慎恐懼」了。

原載於二〇〇八年一月二十日《亞洲週刊》

黑權女權衝突，民主黨陷內耗

美國大選初選，希拉蕊拉攏女性選票，並提到黑人領袖馬丁・路德・金恩（Dr. Martin Luther King, Jr.）當年發揮作用有限，大局仍由總統奠定，引起黑人選民及評論者不滿；柯林頓在為妻子助選時戲謔歐巴馬為「小鬼」，被認為有優越感，激化雙方之爭。

二〇〇八年美國大選，民主黨總統候選人中出現了一個強勢女性候選人及一個魅力十足的黑人候選人。目前，民主黨總統候選人提名戰已成為希拉蕊與歐巴馬對決的形勢，由於競爭過度激烈，因此出現了許多民主黨人所不願看到的性別主義與種族主義的爭論。這些爭論如未處理妥當，或將導致民主黨內部分裂而使共和黨在十一月投票時坐享漁人之利。

二〇〇八年元月八日，希拉蕊在新罕布夏州的初選跌破所有民調與媒體的眼鏡而險勝歐巴馬，一些黑人評論家和政治領袖對柯林頓夫婦在選戰中發表的言論表示極為不滿，並認為他們為了政治目的而背叛了民權運動。希拉蕊接受電視訪問時，提到黑人民權領袖金恩牧師當年領導民權運動的事蹟，她強調如果沒有詹森（Lyndon Baines Johnson）總統的「臨門一腳」，在最主要時刻發揮領袖群倫的作用，促使國會於一九六四年通過《民權法案》，金恩牧師的美夢或將難以實現。

客觀而論，希拉蕊的說法並沒有錯，真正協助《民權法案》和《投票權法案》（一九六五）在國會通過的是詹森，而非甘迺迪，更不是金恩。詹森利用他在國會的廣泛人脈（他做過多年參院民主黨領袖）並說服保守的南方議員而使《民權法案》順利過關。但黑人評論家和政客卻認為希拉蕊有意抹煞金恩牧師和其他黑人民權領袖的功勞，他們亦不滿希拉蕊說話時的口氣、用語和神態，嫌其帶有傲慢自大的味道。

柯林頓一向受黑人選民擁戴，兩次大選（一九九二、一九九六）所獲的黑人票數更超過百分之八十五。任教普林斯頓大學的一九九三年諾貝爾文學獎得主東妮·摩里森（Toni Morrison），甚至稱頌柯林頓是「黑人總統」。歐巴馬在競選時一直強調他反對布希侵略伊拉克，當時（二〇〇三）歐巴馬仍未當選聯邦參議員，他是在二〇〇五年春天始進入參議院。歐巴馬二〇〇四年曾說他如在二〇〇三年面臨授權入侵伊拉克投票，仍不知道如何投票。然而，在選戰中，當年投票支持入侵伊拉克的希拉蕊飽受抨擊，而她又拒絕認錯或道歉。當時亦投票贊成侵伊的另一總統候選人愛德華茲，卻不斷表示歉意並譴責布希侵伊。

柯林頓幫妻子助選時強調，媒體從未認真檢視歐巴馬的紀錄，而歐巴馬亦一直表示他反對侵伊，柯林頓說這是他所遇到的一則最具「童話故事」（fairy tale，亦可譯為謊言）色彩的掩飾之詞。柯林頓在公開場合揭發歐巴馬的紀錄時，還不屑地加了一句：「得了

吧！」（give me a break）

黑人評論家和政客對柯林頓的說話尤感憤怒，而柯林頓又稱歐巴馬為「小鬼」（kid），黑人領袖更是受不了，一致認為柯林頓帶著優越感（condescending）的態度批評歐巴馬。二〇〇〇年大選時擔任民主黨候選人高爾的競選總幹事的女黑人唐娜．布拉吉兒（Donna Brazile）更是在電視上大罵柯林頓。布拉吉兒痛批柯林頓是可以理解的，因八年前高爾和布拉吉兒擔心柯林頓緋聞會損及高爾選情，而拒絕柯林頓助選，他們的關係本來就壞。

然而，當南卡羅萊納州（South Carolina）資深黑人國會眾議員克萊朋（James E. Clyburn）對柯林頓的談話表示不滿時，希拉蕊的競選總部開始緊張了。因克萊朋不僅是眾院民主黨（多數黨）黨鞭（majority whip），還是六〇年代民權運動領袖之一。而且元月二十六日將在南卡州舉行的民主黨初選，克萊朋舉足輕重。克萊朋說，柯林頓的談話迫使他放棄了中立立場，他要重新考慮下一步動作。他強調：「我們在提及民權運動時，必須特別謹慎。」在「山雨欲來風滿樓」

的政治陰霾下，柯林頓眼看大勢不妙，趕緊向紐約黑人民權領袖夏普頓（Al Sharpton）主持的無線電叩應（call in）節目打了一通電話，強調他絕無背叛民權運動、蔑視歐巴馬之意，他說批評他的人都誤解和曲解他的說話。

平心而論，如果希拉蕊在新州落敗，也許她和柯林頓的談話不會有人注意，更不可能掀起風波，但她贏了，歐巴馬輸了，形勢就不一樣了。對許多黑人來說，他們完全沒有料到歐巴馬會輸，連歐巴馬本人亦感意外。他們在內心深處無法接受這項事實，因此很自然地會在雞蛋裡挑骨頭，結果他們在柯林頓夫妻的談話中找到了發洩的目標。一些黑人評論家和政客表示，有關柯林頓夫婦的談話爭議已告一段落，他們願意接受柯林頓夫婦的解釋，但樑子已經結下了。

希拉蕊能夠在新罕布夏州反敗為勝，婦女票是一大關鍵。歐巴馬在愛荷華州所得的婦女票比希拉蕊多百分之五，但希拉蕊在新州所獲婦女票卻超過歐巴馬百分之十二。再加上許多白人中間選民在最後一刻投希拉蕊一票，這兩種原因被認為是民調和媒體誤判選情的隱形因素。

新州婦女決定支持希拉蕊是在投票前一天，她在餐廳答覆一名中年婦女的問話時，突然悲從中來，兩眼噙著淚水，哽咽地述說她的奮鬥經驗和艱辛歷程。許多白人婦女（尤其是四十五歲以上）都對希拉蕊一掬同情之淚，她們在職場上亦常遭遇到挫折和性別歧視而躲在洗手間哭泣，她們都對希拉蕊產生感同身受的「姊妹愛」，於是，女人幫女人，終使女人打敗了黑人。

黑權女權的歷史論爭

問題就在這裡。女權重要還是黑權重要？今番民主黨又碰上了這個古老的問題。十九世紀時，偉大的黑人廢奴主義者菲德烈克．道格拉斯（Abolitionist Frederick Douglass）和不朽的婦運先驅伊麗莎白．卡迪．史坦頓（Women's Rights' Pioneer Elizabeth Cady Stanton）在辯論黑人還是婦女先有投票權時，兩個人互不相讓。他們原本攜手合作力爭廢奴，但在爭取投票權時卻反目為敵。結果，國會於一八七〇年通過憲法第十五條修正案給予黑人投票權；半世紀後，國會始於一九二〇年通過憲法第十九條修正案賦予婦女投票權。

二〇〇八年，民主黨民權運動人士與婦運人士又面臨一項痛苦的抉擇：選歐巴馬呢？還是希拉蕊？

原載於二〇〇八年一月二十七日《亞洲週刊》

美國總統初選頻讓專家跌破眼鏡

麥肯穩獲共和黨總統候選人提名以及希拉蕊陷入苦戰這兩件大事，除了顯示二〇〇八年美國大選的千變萬化之外，亦說明了民調和選情評論家的不可盡信。在初選前和初選期間，民調失準率高得嚇人，而評論家看走眼的預測與論斷，更是令人笑彎腰。

希拉蕊宣布將披掛上陣角逐民主黨總統候選人提名之後，絕大部分評論家和民調都說她會像反掌折枝或平安航行那樣輕鬆地獲得提名；希拉蕊自己和她的貼身幕僚亦皆信心滿滿，認為二〇〇九年一月二十日將是他們重返白宮當家做主的日子。在評論家的眼裡，捲土重來的愛德華茲不可能有任何希望，雖然他的選戰以議題為訴求，亦逼得希拉蕊和歐巴馬不得不多談論全民健保和貧富差距的爭議，但愛德華茲畢竟欠缺領袖魅力和政治說服力，只不過是個漂亮小生而已。

民調和評論家亦認為從來沒有任何行政經驗的菜鳥歐巴馬，想要擊敗財大勢大的希拉蕊，殆為天方夜譚；而歐巴馬在二〇〇七年秋天以前競選極為不力，甚至有點畏畏縮縮，他的幕僚和顧問看情況不妙，在十月下旬建議他要加強火力，特別把砲口對準希拉蕊。儘管如此，民調和評論家仍相信希拉蕊鐵定會出線，而希拉蕊競選總部更相信他們會在二月五日「超級星期二」那晚敲定出線，代表民主黨角逐總統。

希拉蕊本人及其幕僚和大批評論家，都沒有料到歐巴馬竟會激起一股狂潮，不僅年輕人迷他，女性、白人、中老年人亦欣賞他，甚至連一批共和黨人（包括前總統艾森豪的孫女）亦挺他。歐巴馬代表新血輪，他的求變願景和憧憬未來，鼓舞了無數的選民；反觀希拉蕊，她的經驗說象徵了華府的舊勢力和安於現狀。

陷入苦戰的希拉蕊，不得不陣前換將，把她視如己出的總幹事換下來，但希拉蕊的問題並不在於總幹事，而在於整個團隊的競選哲學、策略與態度，他們太小看歐巴馬，太高估自己。自「超級星期二」之後，希拉蕊幾乎都沒有贏，她把目標放在三月四日的德州和俄亥俄州初選。希拉蕊或歐巴馬要獲二〇二五張代表人票始能出線，如他們一直在初選中相持不下，則雙方將盡全力去爭取七九六張所謂「超級代表人票」，這批超級票是由民主黨籍的州長、參眾議員、工會領袖和黨內大老所組成。已有人擔心，到時候決定希拉蕊和歐巴馬命運的不是參與初選的選民，而是享有特權的所謂超級代表人！

麥肯是個特立獨行的政客，也是個頗具傳奇色彩的越戰老兵。二〇〇七年夏天，麥肯的競選團隊幾乎宣告破產，募不到錢，開銷又大，高級幕僚之間頻頻內鬥，評論家一致認為麥肯的總統夢已告破碎。他那部有名的競選巴士「直話直說快車」（Straight Talk Express），變成脫口秀調侃的題材；他的競選道路處處堆滿了障礙，大家都說他選不下去了。

沒想到在河內戰俘營蹲過五年半苦牢（美軍戰俘戲稱為「河內希爾頓大飯店」）的麥肯，居然脫穎而出，連布希亦承認當年被他「奧步」幹掉的麥肯已是共和黨總統候選人，儘管黨內一批極右派痛恨麥肯到極點。評論家過早發出麥肯選舉訃聞的原因是，他們太過重視朱利安尼和羅姆尼，而忽略了共和黨群雄中，只有麥肯一個人在全國性政治競技場中久歷戰陣亦久經考驗。他是個溫和的保守派，他主張讓非法移民獲得合法身分、反對布希嘉惠富人的減稅法、反對拷問伊斯蘭戰俘、他主張修改選舉財務法，這些政見被極右派視為大逆不道。廣播界名嘴魯希・林伯（Rush Limbaugh）罵他「摧毀了共和黨」；一口毒牙的安・柯特兒（Ann Coulter）揚言：「寧可選希拉蕊，也不選麥肯。」

二〇〇八年初選充滿了驚奇與意外，誰會想到九一一事件後被《時代週刊》選為年度風雲人物的前紐約市長朱利安尼，竟會在初選中死得那麼慘！誰又會想到七十一歲的麥肯被集體宣判死刑之後浴火重生？更沒有人料到歐巴馬的聲勢竟會凌駕希拉蕊之上。

《紐約時報》說世界各國都在注意美國大選，因全球都已極度厭倦布希政府了，而下一任白宮主人說不定是女性或是黑人，全世界都以看熱鬧的心情注視美國大選。對美國選民而言，二〇〇八年大選將是一九五二年艾森豪和史蒂文生對壘以來，首次沒有現任總統或副總統參與的大選。同時，也是一九六〇年甘迺迪當選總統以來，現任參議員首次有機會直接入主白宮，過去四十多年都是州長或前州長或副總統當選總統。

二〇〇八年初選充滿戲劇性和不可知的色彩，唯其如此，民調和評論家才會一天到晚跌破眼鏡！

原載於二〇〇八年二月十三日《中國時報》國際新聞版

三角纏鬥爭奪美國總統寶座

經過一個多月的黨內初選，美國總統候選人提名戰逐漸成為麥肯與希拉蕊、歐巴馬之間的爭奪。麥肯已穩獲共和黨提名，民主黨則歐巴馬後來居上，黨內出現希、歐共組「夢幻選票」的呼聲以免對手坐收漁翁之利。

二〇〇八年美國總統候選人提名戰，共和黨情勢已告明朗，今年七十一歲的前越戰戰俘、亞歷桑那州聯邦參議員約翰・麥肯已穩獲提名，黨內對手除前阿肯色州長哈克比外，其餘皆已宣布退選。民主黨仍是希拉蕊與歐巴馬相爭的天下，但前景似乎對歐巴馬有利；選情呈現膠著狀態的希拉蕊，二月十日突然宣布四十二歲的競選總幹事蓓蒂．索利斯．杜耶兒下台，由希拉蕊的前幕僚長、女黑人瑪姬．威廉斯繼任；二十四小時之內，副總幹事亨利在失去維吉尼亞州初選後也宣布辭職。

二○○七年夏天，美國媒體和政論家幾乎一致預言欠缺經費而競選團隊又發生內鬥的麥肯將選不下去，有些人甚至斷言麥氏的總統夢「已告終結」。當時，麥氏籌不到錢，債務一堆，不僅解僱一批助理，連交通費和日常開銷都成問題。NBC深夜脫口秀節目《今夜》主持人傑．雷諾（Jay Leno）在節目上一再調侃麥肯，說他到處搭便車去競選。

然而，意志堅強的麥肯終於咬緊牙根度過了難關。尤其是許多有影響力的報紙，紛紛在二○○七年年底和二○○八年年初發表社論力挺麥氏，公認他是共和黨候選人中政治閱歷最豐富、經驗最完整、政見最齊全的候選人。原先被看好的前紐約市長朱利安尼，因私生活欠佳（結婚三次）、挪用公款與女友（即第三任妻子）幽會、重用大騙子出任紐約警察局長而見棄於選民；此外在美國經濟不景氣時期，朱氏主打「國安牌」，未獲選民認同，而在初選時又犯了致命性的戰略錯誤，放棄愛荷華、新罕布夏初選，在佛羅里達孤注一擲，卻慘遭滑鐵盧。美國媒體戲稱：「你越認識朱利安尼，你就越不喜歡他。」

摩門教教徒、前麻薩諸塞州長羅姆尼，在共和黨初選中原是麥肯最強勁的對手，兩個人競爭最激烈亦經常對罵，但羅姆尼選情一直沒有起色。終於在耗費個人財富四千萬美金之後黯然宣布退選。另一候選人、前田納西州聯邦參議員湯普遜亦因選情一籌莫展而打退堂鼓。堅持選到底的前阿肯色州長哈克比雖毫無希望，仍戀戰不退，有些政論家認為哈克比陪選到底的目的是要爭取副總統提名。

麥肯的戰俘歷練

麥肯是美國政壇的傳奇人物，出身海軍世家，祖父和父親皆曾為海軍四星上將，祖父在二戰時當過艦隊司令；父親則是二戰的潛艇指揮官，越戰時期升任太平洋美軍總司令，常訪問台灣和香港，當時台灣媒體稱其為「美國海軍上將麥肯」。麥肯畢業於馬里蘭州安納波利斯海軍官校，專業是飛行。一九六七年十月二十六日，他駕駛戰機執行第二十三次任務時遭北越飛彈擊落被俘，在河內戰俘營（美軍戰俘稱為「河內希爾頓大酒店」）被關了五年半。

北越當局獲悉麥肯的父親是太平洋美軍總司令後，曾有意提早釋放他，但個性倔強的麥氏拒絕因特權而獲釋，志願繼續坐牢。越共惱羞成怒，經常修理麥氏，手腳皆被打斷，五年半時間內常單獨關在一個小牢房中。一九七三年美國和北越達成和平協定，麥氏終於獲釋，後在國會山莊擔任海軍聯絡官，開始對政治發生興趣。做了幾年眾議員後，於一九八七年競選亞歷桑那州共和黨大老高華德參議員的遺缺獲勝，從此在政壇上嶄露頭角。

麥肯個性古怪，脾氣暴躁，不易相處，在共和黨內以特立獨行（maverick）著稱。二〇〇〇年曾角逐共和黨總統候選人提名，在新罕布夏初選一鳴驚人，擊敗來勢洶洶的布希，震撼全美。惜在南卡羅萊納州初選時，遭布希競選團隊施用毒計暗算而敗北，從此選情即一蹶不振。當時布希團隊造謠說麥氏收養的一名黑小妹是他和女黑人通姦所生，又說麥氏的第二任妻子辛迪（Cindy）吸毒成癮。布希團隊與共和黨內的極右派聯手打垮了麥肯，但麥氏並不氣餒，沉潛七年之後捲土重來。

麥肯雖提名在望，但共和黨內的極右派卻痛恨他到極點，包括廣播界名嘴魯希．林伯在內的極右人士皆已公開宣稱：「寧可選希拉蕊，也不選麥肯。」他們認為麥肯不僅不夠保守，甚至會摧毀共和黨。麥氏支持新移民、主張修訂移民法、反對布希嘉惠富人的減稅法、反對修憲以禁止同性結婚的政見，極右派視為大逆不道。但在另一方面，麥氏卻全力支持布希侵略伊拉克，並力主美軍應無限期駐守伊拉克，甚至「駐守一百年也沒關係」，而他亦主張強硬對付伊朗，並不惜轟炸伊朗核能設施。

總的說來，麥肯在國安問題上是鷹派，但在一些內政問題上則接近自由派。絕大部分民調顯示，民主黨如提名希拉蕊與麥肯對峙，則麥氏會贏；如歐巴馬代表民主黨出馬，則麥氏不是歐巴馬的對手。原因在於希拉蕊背負太多政治包袱，而她本人又是一個兩極化的政治人物，她如獲提名，勢將激發共和黨的大團結而全力對付她。

二十二州參與的二月五日「超級星期二」初選，希拉蕊和歐巴馬雖各有勝負，但在二月九日的華盛頓州、路易斯安那州和內布拉斯加州的初選，二月十二日華盛頓特區、維吉尼亞州和馬里蘭州的初選中，歐巴馬皆以壓倒性比數痛擊希拉蕊；二月十日緬因州黨團會議，歐巴馬也大獲全勝。二〇〇八年夏於科羅拉多州丹佛市舉行的民主黨全國代表大會（即提名大會）前，任何一個候選人必須獲得二〇二五張代表人票就能獲得提名，目前歐巴馬所掌握的代表人票已略微超過希拉蕊。

陷入苦戰中的希拉蕊，把目標放在三月四日舉行的德州和俄亥俄州初選，因這兩州擁有數百張代表人票。然而，隨著大選的腳步向前邁進，選情似乎對歐巴馬越有利，尤其是他所提出的求新求變的願景，以及「是的，我們能夠」（Yes, We Can）的訴求，已在全美掀起一股「歐巴馬旋風」。在這股旋風的號召下，每一個州民主黨選民踴躍投票的情況，殆為數十年來所僅見。

民主黨全國委員會主席、前佛蒙特州長、二〇〇四年曾角逐民主黨總統候選人提名的霍華德．狄恩，已對希拉蕊和歐巴馬的相持不下表示憂慮。他擔心兩強繼續爭鬥下去，將使民主黨分裂而讓共和黨坐收漁人之利。霍華德透露，他將找個適當時間和希、歐「好好談一談」。同時，民主黨內和部分媒體亦出現希、歐共組「夢幻選票」的呼聲。不過，如歐巴馬脫穎而出獲得提名，四十六歲的他大概不會找六十歲的希拉蕊當副手；而做過第一夫人的希拉蕊亦不可能屈居副座。

二〇〇八年大選締造歷史

自從一九五二年共和黨的艾森豪和民主黨的史蒂文生競選總統之後，今年是首次沒有在任總統或副總統參與大選；同時，兩黨候選人又皆為現任參議員，上次大選由參議員而直接選上總統的是甘迺迪，那是一九六〇年。不論誰贏誰輸，二〇〇八年美國大選將是締造歷史的一次選舉。

原載於二〇〇八年二月二十四日《亞洲週刊》

新一代的美國黑人政治家

二〇〇八年元月底愛德華・甘迺迪參議員公開支持歐巴馬角逐民主黨總統候選人提名時，曾引述他的二哥甘迺迪總統就職演說中的一句名言：「火炬已傳給新一代的美國人」。除了歐巴馬，當今美國政壇上也有不少耀眼的黑人政治新星正蓄勢待發，準備向全國政治舞台進軍。

這批年輕一代的黑人政治家包括麻州州長狄沃・派屈克（Deval Patrick）、華盛頓市長亞德利昂・范迪（Adrian Fenty）、新澤西州紐渥克（Newark）市長柯利・布克爾（Cory Booker）、馬里蘭州副州長安東尼・布朗（Antony Brown）以及阿拉巴馬州三聯任的聯邦眾議員阿圖・

戴維斯（Artur Davis）。他們都是屬於所謂「後塞爾瑪時代」的黑人領袖，又稱為「後種族政治時代」的黑人菁英。一九六五年三月七日，一群黑人民權鬥士在阿拉巴馬州塞爾瑪（Selma）發動大遊行，遭到警察粗暴對待，民權史上稱為「血腥星期日」，這一天是民權運動的轉捩點。

「後塞爾瑪時代」成長的一代，生來也晚，未能像他們的父執輩親身參與血腥抗爭，卻坐收民權運動的成果，上大學時享受平權措施中的保障名額。因此，新一代黑人政治明星都有一些共同的特色：皆出身常春藤盟校或其他名校。他們踏著民權運動前輩的足跡和血跡進入政壇，他們憑真才實學和篤實作風爭取黑白選票，他們揚棄了對抗與衝突，而以追求種族和諧與種族諒解的方式，共同為社區打拚，創造雙贏的局面。

這批黑人政治新星裡，只有麻州州長派屈克年屆五十一，其他皆為三、四十歲。黑人只佔麻州人口百分之六，但哈佛畢業的派屈克卻獲得百分之五十六選票，他做過律師，也當過主管民權的助理司法部長。他和歐巴馬關係極好，曾共用一個演講稿撰稿人，不久前歐巴馬使用派屈克舊稿遭希拉蕊訕笑。

其實，在這批「明日之星」中，最被看好的是三十八歲的新州紐渥克市長布克爾。這個在猶太社區長大的青年才俊，畢業於史丹福大學和耶魯法學院，並曾獲選為羅德學者（Rhodes Scholar）負笈牛津大學，就讀史丹福時曾擔任學生會會長和足球校隊。二〇〇二年，新澤西州民主黨參議員羅伯特．托里切利（Robert Torricelli）因貪污腐化被迫放棄競選連任，新州民主黨大老遊說布克爾出馬角逐勝算極大的參議員，但他一口回絕，表示要從基層做起，而參與競選紐渥克市長。選舉失利後，他並不後悔，二〇〇六年再投入市長選戰，終告獲勝。

紐渥克是美國居住環境最差的一個都會，六成居民為黑人，六、七〇年代一連串城市暴亂之後，即從未復原。布克爾寧願在一個險惡的環境中接受試煉，而婉拒進軍聯邦參議院，這一點就充分說明他的務實精神及自我磨練的特質，和歐巴馬的「好高騖遠」適成強列對照。如果布克爾六年前答應角逐參議員並勝選的話，即比歐巴馬早兩年進入參議院，而成為唯一的黑人參議員，其時歐巴馬還是個名不見經傳的伊利諾州州議員。

歐巴馬說他不喜歡「後種族政治時代」這個指稱，因它隱含新一代黑人政治家有坐享漁人之利的味道，同時亦影射黑人政治新星在尋求種族和諧的路途上有「抄捷徑」之嫌。不管怎樣，歐巴馬、派屈克、布克爾和其他後起之秀在美國政壇的躍升，象徵了民權運動與黑人政治世代交替的局面已經成形。「前人種樹，後人乘涼」，新一代的黑人政治菁英都在內心深處感懷金恩牧師等先賢的開荒拓野，才能使他們出頭天。

歐巴馬三月十八日在費城所發表的種族問題演說對蘊蓄美國社會兩百多年的「黑人憤怒」（black anger）和「白人忿恨」（white resentment）的根源，作了最坦誠、最切中要害的闡述，不僅使得黑白動容，一些比較理性、客觀的保守派媒體亦心服口服。說實話，放眼美國政壇，也唯有歐巴馬能夠以黑白混血的身分，從一個寬容、博大的視野娓娓而談敏感的種族問題。

歐巴馬與新一代的黑人政治家，捨棄了煽動性的演說與教條式的鋪陳，而以對話代替指責、以包容取代摩擦，只有這樣才能化解美國的種族宿疾。在歐巴馬等人身上，我們看到了美國政界光明的一面、有希望的一面。

原載於二〇〇八年三月二十六日《中國時報》國際新聞版

〈附錄一〉

歐巴馬生平年表

一九六〇年 父親巴拉克·歐巴馬與母親安·鄧漢姆於夏威夷大學結識相戀，旋即閃電結婚。

一九六一年八月四日 巴拉克·歐巴馬（與其父同名）誕生於夏威夷檀香山。

一九六三年 歐巴馬父親離開檀島。

一九六五年 安與巴拉克離婚，巴拉克赴哈佛深造。

一九六七年 安與印尼人羅洛·索托洛再婚，後攜歐巴馬搬至印尼雅加達。

一九七一年 歐巴馬回夏威夷的小學就讀，由外公、外婆照顧。

一九七九年 在夏威夷完成高中學業，離開檀島赴美國本土，就讀洛杉磯西方學院。

一九八一年 就讀西方學院大三時，轉學至紐約哥倫比亞大學。

一九八二年八月 母親安與同母異父的妹妹瑪雅赴紐約探望歐巴馬，數月後，父親巴拉克於肯亞車禍逝世。

一九八三年 從哥大畢業，任職於商務公司。

一九八五年 搬到芝加哥，從事黑人社區組織工作，結識三一聯合基督會牧師萊特。

一九八七年 歐巴馬首次飛往肯亞展開尋根之旅。

一九八八年 進入哈佛法學院就讀。

一九八九年 於芝加哥司德利．奧斯汀律師事務所實習，結識日後的妻子蜜雪兒．羅賓遜。

一九九〇年 獲選「哈佛法學評論社」社長，為該社一〇四年來第一位黑人社長。

一九九一年 完成哈佛法學院學業，返回芝加哥。

一九九二年十月 與蜜雪兒．羅賓遜結婚。

一九九五年 出版第一本著作《我父親的夢想》，同年十一月母親安病逝。

一九九六年　當選伊利諾州州參議員，於一九九七年一月上任。

一九九九年　長女瑪利婭誕生。

二〇〇一年　次女莎夏誕生。

二〇〇四年十一月　當選聯邦參議員。

二〇〇六年　出版第二本回憶錄《無畏的希望》。夏天，再訪肯亞，並發表演說。

二〇〇七年二月十日　歐巴馬於林肯故鄉伊利諾州春田市正式宣佈角逐民主黨二〇〇八年美國總統候選人提名。

〈附錄二〉

歐巴馬選戰大事記

二〇〇七年二月十日　歐巴馬於林肯故鄉伊利諾州春田市正式宣佈角逐民主黨二〇〇八年美國總統候選人提名。

二〇〇八年一月三日　愛荷華州初選，歐巴馬以 37.6% 的得票率，勝於愛德華茲的 29.7% 和希拉蕊的 29.5%。

二〇〇八年一月八日　新罕布夏州初選，希拉蕊以 39% 的得票率勝於歐巴馬的 36% 和愛德華茲的 17%。

二〇〇八年一月十九日　內華達州初選，希拉蕊以 50.1% 的得票率勝於歐巴馬的 45.1%，愛德華茲僅得 4.3% 的選票。

二〇〇八年一月二十六日　歐巴馬以 55% 的得票率，勝於希拉蕊的 27% 和愛德華茲的 18%，拿下南卡羅萊納州。

二〇〇八年一月二十八日　甘迺迪家族大家長愛德華・甘迺迪在華府美

利堅大學為歐巴馬站台。

二〇〇八年一月三十日　前北卡羅萊納州聯邦參議員愛德華茲宣布退選。

二〇〇八年二月三日　加州州長夫人瑪麗亞·雪佛表態支持歐巴馬。

二〇〇八年二月五日　二十二州同時進行初選，稱之「超級星期二」。歐巴馬拿下十三州，希拉蕊八州，但希拉蕊拿下代選舉數較多的加州、紐約州，兩人勝負未明。墨西哥州結果未定。

二〇〇八年二月九日　歐巴馬再下四城，於路易斯安那州、內布拉斯加州、華盛頓州和美屬維京群島勝選。

二〇〇八年二月十日　歐巴馬於緬因州初選中獲勝。

二〇〇八年二月十二日　歐巴馬於維吉尼亞州、馬里蘭州和華府特區初選中獲勝。

二〇〇八年二月十九日　歐巴馬於威斯康辛州、夏威夷州初選中獲勝。

二〇〇八年三月四日　「迷你星期二」，四州同時進行初選。希拉蕊拿下德州、俄亥俄州和羅德島州，士氣大振。歐巴馬僅拿下佛蒙特州。

二〇〇八年三月八日　歐巴馬贏得懷俄明州初選。

二〇〇八年三月十一日　密西西比州初選，歐巴馬以60%的得票率，大勝希拉蕊的38%。根據CNN統計，截至此日，歐巴馬已累積代表人票一六〇八張，距離提名門檻的二〇二五張尚差四一七張。希拉蕊累積一四七八張，尚差五四七張。

二〇〇八年三月十八日　歐巴馬於費城發表關於種族議題的演講〈更完美的聯邦〉（A More Perfect Union）。

※截至三月十一日為止民主黨共完成四十七州的初選，其中希拉蕊共贏了十三州，得一二五〇票，歐巴馬贏了三十州，得一四一九票，其中有兩州打成平手。尚有十州未舉行初選，分別為賓夕法尼亞、關島、印第安那、北卡羅萊納、西維吉尼亞、肯塔基、奧勒岡、波多黎各、蒙大拿和南達科塔。截至本書出版為止，最近的黨內初選是四月二十二日的賓州，最後一次選舉將在六月三日結束於蒙大拿州和南達科塔州。

國家圖書館出版品預行編目資料

黑旋風歐巴馬／林博文著.初版.－臺北縣新店市：立緒文化，2008（民97）
面；　公分.（世界公民叢書；43）
ISBN 978-986-7416-89-6（平裝）
1. 歐巴馬(Obama, Barack Hussein, 1961-) 2. 傳記 3. 美國
785.28　　97006129

黑旋風歐巴馬

出版——立緒文化事業有限公司
作者——林博文

發行人——郝碧蓮
總經理兼總編輯——鍾惠民
編輯——王怡之

行政組長——林秀玲
事務組長——劉黃霞
倉庫管理——楊政致

地址——台北縣新店市中央六街62號1樓
電話——(02)22192173
傳真——(02)22194998
E-Mail Address: service@ncp.com.tw
網址：http://www.ncp.com.tw
劃撥帳號——1839142-0號　立緒文化事業有限公司帳戶
行政院新聞局局版臺業字第6426號

行銷代理——紅螞蟻圖書有限公司
電話——(02)27953656　傳真——(02)27954100
地址——台北市內湖區舊宗路二段121巷28-32號4樓
排版——伊甸電腦排版有限公司
印刷——祥新印刷股份有限公司

法律顧問——敦旭法律事務所吳展旭律師

分類號碼——785.00.001
ISBN 978-986-7416-89-6
出版日期——中華民國97年4月初版　一～二刷(1～6,000)
中華民國97年11月初版　三刷(6,001～7,000)

定價◎250元